edition*fünf*

Herausgegeben und
mit einem Vorwort
von Sophia Jungmann
und Karen Nölle

Autorinnen
erzählen
vom
Schreiben

Ein Haus

mit vielen Zimmern

edition*fünf*

1. Auflage
Originalausgabe 2015
herausgegeben und mit einem Vorwort von Sophia Jungmann
und Karen Nölle

Verlag Silke Weniger, Gräfelfing / Hamburg
herausgegeben von Karen Nölle
im Vertrieb bei Edition Nautilus, Hamburg

Lektorat Sophia Jungmann, Karen Nölle
Gestaltung, Satz und Herstellung Kathleen Bernsdorf
Schriften DTL Documenta, Neutra Display
Druck und Bindung Friedrich Pustet, Regensburg
Printed in Germany

ISBN 978-3-942374-71-2

www.editionfuenf.de

Inhalt

Vorwort

»Kunst ist schön, macht aber viel Arbeit.« Dass Karl Valentins Spruch auch für das Schreiben gilt, wissen alle, die sich schon einmal daran versucht haben. Wer etwas schreibt, hat viel zu bedenken. Welche Form wähle ich für meinen Stoff, was für Figuren brauche ich, welcher Ton ist der richtige? Welche Stimme soll die Leser führen – was und wen will ich mit meinem Text erreichen? Die Möglichkeiten sind unendlich, und jede Entscheidung prägt das Resultat. Wenn Autorinnen ihre Gedanken zum Schreiben preisgeben, wie in den hier versammelten Erzählungen, Essays und Gedichten, geben sie uns die Chance, ein Stück weit in den Prozess hineinzulugen, und unserer Ahnung davon, was es heißt, Schriftstellerin zu sein, neue Nahrung.

Von der Welt des Schreibens, dem Zauber des Erzählens verlockt zu sein, ist etwas, das Lesende wie Schreibende kennen. Davon handeln in diesem Band die Erzählungen von Tania Blixen und Margaret Atwood. Raffiniert spielen sie mit dem Thema der Verführung durch die Vorstellungskraft und beschwören auf je eigene Weise das Rätsel, um das so vieles Geschriebene kreist – das nicht Ausgesprochene, vielleicht Unsagbare, das Autorinnen zu immer neuen Texten reizt und ihre Leserinnen und Leser ködert.

Schwer zu greifen, aber wichtig ist das Thema Talent. Schriftstellerinnen sind in aller Regel gleich mehrfach begabt: mit Phantasie, Ideen, Geist, Sprachgefühl, Durchhaltevermögen, Disziplin. Darüber reden sie nicht; es scheint sich von selbst zu verstehen. Wie nützlich auch ein Talent zur Liebe wäre, zeigen die Erzählungen von Janet Frame und Tove Jansson, deren Heldinnen es damit schwer haben, weil ihr Ego sie nicht lässt. Bei Ali Smith und Nora Gomringer hingegen schimmert jede Menge Liebe durch: in der Art, wie sie Klarsicht, Zuspitzung, Spiel genießen und darin, wie viel Herz sie für ihre Themen beweisen. Die Liebe zum Handwerk, die aus Judith Schalanskys Essay über das Büchermachen spricht, lässt sich auch bei Anna Seghers finden. Ihr gelingt es in einer Erzählung aus dem Exil – einem Kunstwerk aus geschichteter Erinnerung, verkleidet als Aufsatz über einen Schulausflug –, ihre Liebe zur deutschen Heimat zu retten, die nach den Gräueltaten der Nationalsozialisten und den Zerstörungen durch die Bomben des Zweiten Weltkriegs nur schreibend wiederzuerrichten ist. Liebe, so scheint es, befähigt zu Schwerstarbeit.

Vom Musenkuss, der zum Quell der Wahrheit führt und den Fluss der Inspiration in Gang setzt, ist bei den Autorinnen eher selten zu lesen. Sie gehen die Fragen ihrer Kunst praktisch an. Sylvia Plath stellt Überlegungen dazu vor, was in einem Roman alles Platz hat, bis hin zur Zahnbürste im Bad, während für die Requisiten eines Gedichts viel strengere Maßstäbe gelten. Annette Pehnt philosophiert darüber, wie Geschichten enden. Und Clarice Lispector entfaltet, ausgehend von einer schlichten Begebenheit mit Kakerlaken in ihrer Wohnung, auf nur fünf Seiten ein ganzes Spektrum der poetischen Möglichkeiten.

Und was stört den Fluss? In einer 1931 gehaltenen Rede über ihre Erfahrungen als Schriftstellerin schildert Virginia Woolf mit eindrücklichen Bildern die Kämpfe, die eine Autorin gegen das Phantom der Nettigkeit und die Konventionalität männlichen Denkens zu führen hat, ehe es ihr gelingen kann, ihre schöpferischen Möglichkeiten auszuloten und ohne Fesseln zu schreiben, wie ihre Wahrheit es verlangt. Dass Antje Rávic Strubels Betrachtungen über die Erwartungen an »Mädchen« im Literaturbetrieb heute, achtzig Jahre später, quasi nahtlos an Woolfs Rede anschließen, lässt staunen, sowohl über die Hartnäckigkeit des Schubladendenkens als auch über die Bereitschaft von Schriftstellerinnen, den altbekannten Hindernissen immer aufs Neue mit Witz zu begegnen. Und auch Siri Hustvedts Wunsch, die Stimmen in ihrem Inneren frei hören und unzensiert ausformen zu können, auch wenn sie männlich konnotiert sein sollten, zeigt, wie sehr es sich lohnt, darüber nachzudenken, was es heißt, als Frau zu schreiben und im Betrieb zu bestehen.

Eine Erzählung, hat Alice Munro gesagt, ist ein Haus mit vielen Zimmern, und wer seine Räume betritt, wird aus jedem Fenster eine neue Sicht entdecken. Das gilt auch für dieses Buch mit seinen so unterschiedlich möblierten Räumen, die alle zu einem Ganzen gehören. Die Bewohnerinnen sind über die Generationen und Sprachgrenzen hinweg miteinander ins Gespräch vertieft – lauschen Sie hin und lassen Sie sich zum Mitreden anstiften.

Sophia Jungmann und Karen Nölle, Herausgeberinnen

Tania Blixen

Die leere Seite

Am alten Stadttor saß eine kaffeebraune, schwarz verschleierte Greisin, die vom Geschichtenerzählen lebte. Sie sagte: »Wollt ihr eine Geschichte hören, gnädige Dame, werter Herr? Wahrhaftig, ich habe schon viele Geschichten erzählt, tausendundeine, seit jener Zeit, als ich mir selbst noch von jungen Männern Geschichten erzählen ließ von einer roten Rose, zwei glatten Lilienknospen und vier seidigen, geschmeidigen, tödlich verschlungenen Schlangen. Es war die Mutter meiner Mutter, die schwarzäugige Tänzerin, die vielumarmte, die es sich auf ihre alten Tage – als sie schon schrumpelig war wie ein Winteräpfelchen und sich hinter dem barmherzigen Schleier verkroch – zur Aufgabe machte, mich die Kunst des Geschichtenerzählens zu lehren. Die Mutter ihrer Mutter hatte sie darin eingeweiht, und die beiden waren bessere Geschichtenerzähler als ich. Aber das ist jetzt nicht mehr von Belang, denn sie und ich sind für die Leute eins geworden, und so erweist man mir höchste Ehren, weil ich nun seit zweihundert Jahren Geschichten erzähle.«

Wenn sie aber reichlich entlohnt wird und bei guter Laune ist, wird sie mit ihrer Geschichte anfangen.

»Bei meiner Großmutter«, sagte sie, »bin ich durch eine harte Schule gegangen. ›Bleib der Geschichte treu‹, sagte die alte Vettel immer zu mir. ›Bleib stets und unbeirrbar der Geschichte treu.‹ – ›Warum soll ich das tun, Großmutter?‹, fragte ich sie. ›Muss ich dir auch noch die Gründe liefern, nichtsnutziger Fratz?‹, schrie sie. ›Und du willst Geschichtenerzählerin sein! Nun, du sollst Geschichtenerzählerin werden, und ich werde dir sagen, warum! So höre denn: Wo der Geschichtenerzähler stets und unbeirrbar seiner Geschichte treu bleibt, spricht am Ende die Stille. Wo aber die Geschichte verraten wird, ist Stille nichts weiter als Leere. Aber wir, die wir an die Geschichte glauben, werden, wenn wir unser letztes Wort gesprochen haben, die Stimme der Stille vernehmen. Ob so ein kleiner Grünschnabel das nun versteht oder nicht.‹

Wer erzählt denn«, fährt sie fort, »bessere Geschichten als irgendeine von uns? Die Stille. Und wo liest man eine tiefsinnigere Geschichte als auf der meisterhaft gedruckten Seite des kostbarsten Buchs? Auf der leeren Seite. Wenn eine Erzählung im Augenblick höchster Inspiration einer königlichen und kundigen Feder entfloss und in der allerfeinsten Tinte niedergeschrieben wurde – wo in der Welt gibt es dann etwas noch Tiefsinnigeres, Rührenderes, Lustigeres und Grausameres zu lesen? Auf der leeren Seite.«

Ein Weilchen sagt die Alte nichts, kichert nur ein wenig und mümmelt mit ihrem zahnlosen Mund.

»Wir«, fährt sie endlich fort, »die alten Frauen, die Geschichten erzählen, kennen die Geschichte von der leeren Seite. Aber allzu gern erzählen wir sie nicht, denn sie könnte leicht unserem Ansehen bei den Uneingeweihten schaden. Dennoch will ich bei euch, schöne, gnädige Dame und hochherziger Herr, eine Ausnahme machen: Ich werde sie euch erzählen.«

»Hoch oben in den blauen Bergen von Portugal steht ein altes Nonnenkloster der Karmeliter, eines angesehenen und strengen Ordens. In alten Zeiten war es wohlhabend, die Nonnen waren alle Edelfräulein, und Wunder geschahen dort. Aber mit den Jahrhunderten ließ die Begeisterung hochgeborener Damen für das Fasten und das Beten nach, und üppige Aussteuern flossen nur noch spärlich in die klösterliche Schatzkammer. Heute bewohnen die wenigen mitgiftlosen und ärmlichen Schwestern nur noch einen Flügel des ausgedehnten verfallenden Gemäuers, das aussieht, als sehnte es sich danach, eins zu werden mit dem grauen Felsuntergrund, auf dem es steht. Dennoch sind sie noch immer eine muntere und regsame Schwesternschaft. Sie halten voll Freude ihre heiligen Andachten und kommen emsig jener einen, besonderen Aufgabe nach, die dem Kloster einst, vor langer, langer Zeit, ein seltenes und merkwürdiges Privileg eintrug: Sie bauen den feinsten Flachs an und stellen das erlesenste Linnen von Portugal her.

Das langgestreckte Feld unterhalb des Klosters wird von sanftäugigen, milchweißen Ochsen gepflügt und die Saat von geübten, jungfräulichen Händen, voller Schwielen und mit Erdrändern unter den Fingernägeln, ausgesät. Zur Zeit der Flachsblüte wird das ganze Tal duftig blau, so blau wie die Schürze, welche die Heilige Jungfrau sich umband, als sie im Hühnerhof der heiligen Anna Eier einsammeln wollte, just bevor der Erzengel Gabriel sich mit mächtigen Flügelschlägen auf die Schwelle des Hauses herniederließ und während hoch, hoch oben eine Taube mit gesträubtem Nackengefieder und bebenden Flügeln wie ein kleiner, klarer Silberstern am Himmel stand. In diesem Monat heben die Dorfbewohner im Umkreis von Meilen die Augen zum Flachsfeld empor und fragen einander: ›Ist das Kloster in den Himmel gehoben worden? Oder ist es unseren lieben kleinen Schwestern gelungen, den Himmel zu sich herunterzuholen?‹

Später, zu gegebener Zeit, werden die Flachspflanzen gerauft, geschwungen und gehechelt, wird der feine Faden gesponnen, das Leinen gewebt und zuallerletzt das Tuch zum Bleichen aufs Gras gelegt und wieder und wieder gewässert, bis man glauben könnte, rund um die Klostermauern sei Schnee gefallen. All diese Arbeiten werden voll Sorgfalt und Gottesfurcht und unter Besprengungen und Gebeten ausgeführt, deren Geheimnis nur die Klosterfrauen kennen. Deshalb ist das Leinen, das in Ballen hoch auf die Rücken kleiner grauer Esel gepackt und durchs Klostertor hinaus und hinunter, immer tiefer hinunter in die Städte geschickt wird, so blütenweiß, glatt und zart, wie meine eigenen kleinen Füße es waren, als ich sie mit vierzehn Jahren im Bach wusch, um zum Tanz ins Dorf zu gehen.

Fleiß, meine verehrten Herrschaften, ist etwas Gutes, und Glaube auch, aber der allererste Keim einer Geschichte entstammt stets einem mystischen Ort außerhalb der Geschichte selbst. Und so bezieht das Linnen des Convento Velho seinen wahren Wert daher, dass der allererste Leinsamen von einem Kreuzfahrer aus dem Heiligen Lande mitgebracht wurde.

Wer lesen kann, erhält in der Bibel Kunde von den Ländern von Lecha und Marescha, in denen Flachs angebaut wird. Ich selbst kann nicht lesen und habe dieses Buch, von dem so viel die Rede ist, noch nie gesehen, aber die Großmutter meiner Großmutter war als kleines Mädchen der Liebling eines alten jüdischen Rabbi, und das Wissen, das sie von ihm erhielt, ist in unserer Familie bewahrt und weitergegeben worden. So können Sie im Buch Josua nachlesen, wie Achsa, die Tochter des Kaleb, von ihrem Esel stieg und zu ihrem Vater sprach: ›Gib mir eine Segensgabe; denn du hast mich nach dem dürren Südland gegeben; gib mir auch Wasserquellen!‹ Und da gab er ihr die oberen und die unteren Quellen. Und auf den Feldern von Lecha und Marescha lebten später die Familien derer, die das feinste Linnen von allen wirkten. Unser portugiesischer Kreuzfahrer, dessen eigene Vorfahren einst zu den berühmten Leinenwebern von Tomar gehört hatten, erkannte, als er über ebendiese Felder ritt, voll Staunen die Qualität des Flachses und band daher ein Säckchen mit Leinsamen an seinen Sattelknauf.

Diesem Umstand verdankt das Kloster sein wichtigstes Privileg, das darin bestand, allen jungen Prinzessinnen der königlichen Familie die Brautlaken zu liefern.

Ihr müsst wissen, verehrte Herrschaften, dass im Lande Portugal in sehr alten und vornehmen Familien ein ehrwürdiger Brauch gepflegt wurde. Am Morgen nach der Hochzeit einer Tochter des Hauses und noch vor der Überreichung der Morgengabe hielt der Kammerherr oder Haushofmeister von einem Balkon des Palastes aus das Laken der Hochzeitsnacht hoch und verkündete feierlich: ›*Virginem eam tenemus.* – Wir erklären ihre Jungfernschaft als erwiesen.‹ Ein solches Laken wurde danach niemals mehr gewaschen noch jemals wieder aufgezogen.

Dieser altehrwürdige Brauch wurde nirgends strenger befolgt als bei Hofe selbst und hielt sich dort bis in die jüngste Zeit.

Nun besaß das Kloster in den Bergen aber in Anerkennung der vorzüglichen Qualität des von ihm gelieferten Linnens viele Hundert Jahre lang ein zweites Privileg: Das Mittelstück des schneeweißen Lakens, welches von der Ehre einer königlichen Braut Zeugnis ablegte, gelangte in seine Obhut zurück.

Im hohen Hauptflügel des Klosters, von wo der Blick über eine unendliche Weite von Hügeln und Tälern geht, befindet sich eine lange Galerie mit schwarz-weißem Marmorfußboden. An den Wänden der Galerie hängen in langer Reihe nebeneinander schwere, vergoldete Rahmen, jeder mit einem Schild aus purem Gold geschmückt, in das eine Krone und der Name einer Prinzessin eingraviert sind: Donna Christina, Donna Ines, Donna Jacintha Lenora, Donna Maria. Und jeder dieser Rahmen umschließt einen viereckigen Ausschnitt aus einem königlichen Hochzeitslaken.

Aus den verblassten Flecken auf den Leinwandstücken vermögen phantasievolle und empfindsame Menschen alle Zeichen des Sternkreises herauszulesen: die Waage, den Skorpion, den Löwen, die Zwillinge. Oder sie können darin Bilder aus der eigenen Vorstellungswelt wiederfinden: eine Rose, ein Herz, ein Schwert – oder gar ein von einem Schwert durchbohrtes Herz.

In alten Tagen geschah es mitunter, dass sich eine lange, stattliche, farbenprächtige Prozession durch die steingraue Bergwelt zum Kloster hinaufwand. Prinzessinnen von Portugal, die nun Königinnen oder Königinwitwen fremder Länder, Erzherzoginnen oder Kurfürstinnen waren, begaben sich mit ihrem prunkvollen Gefolge auf einer Pilgerfahrt hierher, die naturgemäß sowohl weihevoll als auch insgeheim heiter war. Vom Flachsfeld aus steigt die Straße steil bergan, und die königliche Dame musste aus der Kutsche klettern und sich dies letzte Wegstück in einer Sänfte tragen lassen, die dem Kloster eigens zu diesem Zweck gestiftet worden war.

Später begab es sich, dass eine sehr betagte Jungfer aus altem Adel sich regelmäßig, bis in unsere Tage, auf die Reise zum Convento Velho machte – so wie ein letzter, heller kleiner Funke, der, wenn ein Stück Papier verbrannt wird, nachdem schon alle anderen Funken am Rand entlanggeglommen und verloschen sind, aufleuchtet und hinter ihnen allen hereilt. Sie war früher einmal, vor langer, langer Zeit, Gespielin, Freundin und Hofdame einer jungen Prinzessin von Portugal gewesen. Auf ihrem Weg zum Kloster wird sie gewahr, wie sich nach allen Seiten der Blick weitet. Im Gebäude selbst führt eine Nonne sie zur Galerie und zum Schild mit dem Namen der Prinzessin, welcher sie einst diente, und verabschiedet sich dort von ihr, ihren Wunsch nach Alleinsein achtend.

Langsam, unendlich langsam zieht eine Kette von Erinnerungen durch den kleinen, ehrwürdigen, totenähnlichen Kopf unter der Mantilla aus schwarzer Spitze, und er nickt ihnen in beifälligem Wiedererkennen zu. Die treue Freundin und Vertraute blickt zurück auf das erlauchte Eheleben der jungen Braut mit dem auserkorenen königlichen Gemahl. Sie sinnt über glückliche Ereignisse und Enttäuschungen nach – Krönungen und Festtage, Hofintrigen und Kriege, die Geburt von Thronfolgern, Vermählungen zwischen jüngeren Generationen von Prinzen und Prinzessinnen, Aufstieg oder Untergang von Dynastien. Die alte Dame erinnert sich, wie einst aus den Flecken auf dem Leinen Weissagungen abgeleitet wurden – nun ist sie imstande, die Erfüllung mit der Weissagung zu vergleichen, und dabei seufzt sie ein wenig und lächelt ein wenig. Jedes Leintuch mit seinem gekrönten Namensschild hat eine eigene Geschichte zu erzählen, und jedes hat dort in treuem Gedenken an diese Geschichte seinen Platz bekommen.

Aber inmitten der langen Reihe hängt ein Leintuch, das sich von allen anderen unterscheidet. Sein Rahmen ist ebenso kunstvoll gearbeitet und so schwer wie nur irgendeiner und trägt das goldene Schild mit der Königskrone mit demselben Stolz. Dieses eine Schild jedoch trägt keinen Namen, und die Leinwand im Rahmen ist schneeweiß von einem Rand zum anderen – eine leere Seite.

Ich bitte euch, ihr guten Leute, die ihr euch gern Geschichten erzählen lasst: Betrachtet diese leere Seite und erkennt die Weisheit meiner Großmutter und aller alten, geschichtenerzählenden Frauen!

Denn mit welch ewiger und unbeirrbarer Treue ist dieses Leintuch in die Reihe eingefügt worden! Die Geschichtenerzählerinnen selbst verhüllen bei seinem Anblick die Gesichter und werden sprachlos. Denn der königliche Herr Papa und die königliche Frau Mama, die einst dies Stück Leinwand einrahmen und aufhängen ließen, wären vielleicht, hätten sie nicht von alters her diese unbedingte Treue im Blut gehabt, in Versuchung gekommen, es wegzulassen.

Vor diesem Stück reinweißen Leinens sind die einstigen Prinzessinnen von Portugal – lebenskluge, pflichtbewusste, leidensgewohnte Königinnen, Ehefrauen und Mütter – wie auch ihre einstigen adeligen Gespielinnen, Brautjungfern und Hofdamen am häufigsten stehen geblieben.

Vor der leeren Seite versinken alte und junge Nonnen, einschließlich der Mutter Äbtissin selbst, in tiefstes Nachdenken.«

Aus dem Englischen von Barbara Henninges

Ali Smith

Wahre Kurzgeschichte

Im Café saßen zwei Männer am Tisch neben meinem. Der eine war jünger, der andere älter. Sie hätten Vater und Sohn sein können, aber es war nichts von der geübten Zurückhaltung zu spüren, nichts von dem wolkigen Zorn, der fast immer zwischen Vätern und Söhnen da ist. Vielleicht waren sie das Ergebnis einer elterlichen Scheidung, der Vater jetzt, wo der Sohn richtig erwachsen geworden war, sehr gern Vater, der Sohn nun, wo sein Vater ihm zumindest für die Länge einer Tasse Kaffee gegenübersaß, sehr gern ein Mann. Nein. Der Ältere war eher ein Freund der Familie, einer, der im Sommer an den Wochenenden bei dem kleinen Jungen, der ein Scheidungskind ist, Vaterstelle vertritt, ein Mann, der weiß, welche Verantwortung er trägt, und jetzt, sieh an!, ist der Junge erwachsen geworden und der Mann ein älterer

Mann, und es gibt, unausgesprochen, dieses Einverständnis zwischen ihnen usw.

Ich hörte auf, mir die beiden zusammenzufabulieren. Es gehörte sich irgendwie nicht. Stattdessen horchte ich auf das, was sie sagten. Sie unterhielten sich über Literatur, und das interessiert mich zufällig, obwohl es viele Leute ja nicht interessiert. Der junge Mann sprach über den Unterschied zwischen dem Roman und der Kurzgeschichte. Der Roman, sagte er, sei eine schlappe alte Hure.

Eine schlappe alte Hure!, sagte der Ältere und riss erheitert die Augen auf.

Sie stehe zu Diensten, sei gemütlich und warm, man kenne sie, sagte der Jüngere, aber eigentlich sei sie ein bisschen verbraucht, eigentlich ein bisschen zu träge und ausgeleiert.

Träge und ausgeleiert!, sagte der Ältere lachend.

Im Vergleich dazu sei die Kurzgeschichte eine gewandte Göttin, eine schlanke Nymphe. Weil so wenige die Kurzgeschichte gemeistert hätten, sei sie immer noch ganz gut in Form.

Gut in Form! Der Ältere lächelte breit bei diesen Worten. Er war wohl alt genug, um sich an Zeiten in seinem Leben zu erinnern – *so* lange war es noch gar nicht her –, da wäre es zumindest ein bisschen ungehörig gewesen, solche Reden zu führen. Ich überlegte träge, mit wie vielen der Bücher bei mir zu Hause ich ins Bett gehen würde und wie gut die wohl im Bett wären. Dann seufzte ich, zog mein Handy heraus und rief meine Freundin an, mit der ich normalerweise freitagvormittags in dieses Café gehe.

Sie weiß eine ganze Menge über die Kurzgeschichte. Sie hat einen großen Teil ihres Lebens damit verbracht, welche zu lesen, darüber zu schreiben, sie im Unterricht durchzunehmen, sogar ab und zu selbst welche zu schreiben. Sie hat mehr Kurzgeschichten gelesen, als die meisten Leute wissen (oder wissen wollen), dass es sie gibt. Das kann man wohl eine Liebe fürs Leben nennen, dabei war meine Freundin noch gar nicht so alt, an diesem Vormittag erst in den ausgehenden Dreißigern. Eine Liebe fürs bisherige Leben also. Aber sie wusste schon mehr über Kurzgeschichten und über die Menschen auf der ganzen Welt, die welche schreiben und geschrieben haben, als jeder andere, dem ich je begegnet bin.

Sie war an diesem bestimmten Freitag vor ein paar Jahren im Krankenhaus, denn eine Chemotherapie hatte jedes einzelne ihrer winzigen weißen Blutkörperchen zerstört, und danach hatte sie sich eine Entzündung in einem Weisheitszahn eingefangen.

Ich wartete, während mir die Automatenstimme der Krankenhaustelefonanlage alles über sich erzählte, mir dann roboterhaft die Nummer ansagte, die ich gerade gewählt hatte, dann den Namen meiner Freundin – er lautet Kasia – falsch aussprach, mir anschließend auf Heller und Pfennig genau mitteilte, wie viel man mir dafür berechnete, dass ich mir das alles anhören durfte, und mir dann sagte, was es pro Minute kosten würde, mit meiner Freundin zu sprechen. Danach verband sie mich.

Hi, sagte ich. Ich bin's.

Bist du am Handy?, sagte sie. Nicht, Ali, das ist über das System zu teuer. Ich ruf dich zurück.

Nicht nötig, sagte ich. Ist bloß ein Quickie. Hör mal. Ist die Kurzgeschichte eine Göttin und eine Nymphe, und ist der Roman eine alte Hure?

Ist was was?

Eine alte Hure, à la Dickens vielleicht, sagte ich. Wie die Prostituierte in dem einen Buch, die David Niven erst mal beibringt, wie das mit dem Sex geht.

David Niven?, sagte Kasia.

Du weißt schon. Die Prostituierte in *Vielleicht ist der Mond nur ein Luftballon,* zu der er geht, als er um die vierzehn ist, die ist richtig lieb und bringt es ihm bei, er verliert seine Jungfräulichkeit und hat immer noch seine Socken an, oder vielleicht ist es auch die Prostituierte, die immer noch die Socken anhat, das weiß ich nicht mehr, jedenfalls ist sie richtig lieb zu ihm, und viel später geht er noch mal hin und besucht sie, da ist sie eine alte Hure und er ein weltberühmter Filmstar, und er bringt ihr einen Haufen Geschenke mit, weil er so ein netter Kerl ist und es nicht vergisst, wenn jemand gut zu ihm war. Und, ist die Kurzgeschichte eher wie Prinzessin Diana?

Die Kurzgeschichte wie Prinzessin Diana, sagte sie. Genau.

Die beiden Männer, die im Begriff waren, das Café zu verlassen, beäugten mich komisch. Ich hielt mein Handy hoch.

Ich frag gerade meine Freundin, was sie von Ihrer Nymphenthese hält, sagte ich.

Die beiden guckten leicht verdutzt. Dann verließen sie das Café, ohne sich noch einmal umzudrehen.

Ich erzählte Kasia von dem eben mitgehörten Gespräch.

Diana ist mir bestimmt eingefallen, weil sie schon was von einer Nymphe hat, sagte ich. Eine Göttin, die wie eine Nymphe ist, kann ich mir nicht vorstellen. Mir fallen als Göttinnen bloß Kali oder Sheela-na-Gig ein. Oder Aphrodite, die war ganz schön zäh. Dauernd dieses Hirsche-Erlegen. Hat sie nicht Hirsche gejagt?

Warum ist die Kurzgeschichte wie eine Nymphe, sagte Kasia. Das klingt wie ein dreckiger Witz. Ha!

Okay, sagte ich. Jetzt komm schon. Warum ist die Kurzgeschichte wie eine Nymphe?

Ich denk drüber nach, sagte sie. Dann hab ich hier wenigstens was zu tun.

Kasia und ich sind jetzt seit etwas über zwanzig Jahren befreundet, was sich überhaupt nicht lange anfühlt, obwohl es so lange klingt. »Lang« und »kurz« sind relativ. Lang, das war jeder einzelne Tag, den sie im Krankenhaus war; das war ihr zehnter langer Tag auf einer der Tumorstationen, wo man ihr einen Cocktail aus Antibiotika verabreichte und darauf wartete, dass ihre Temperatur runter- und ihre Leukozytenzahl raufging. Wenn es auf der Welt zu diesen zwei winzigen persönlichen Anpassungen kam, durfte sie nach Hause. Außerdem gab es um sie herum auf der Station jede Menge Trauriges. Nach zehn langen Tagen wog dieses Traurige, das sich erträglich klein anhören mag, wenn man selbst nicht darüber nachzudenken braucht oder nicht durch

Umstände gezwungen ist, sich damit zu befassen, sonst aber fast epische Ausmaße annimmt, schwer.

Kasia rief mich später am Nachmittag zurück und hinterließ eine Nachricht auf dem Anrufbeantworter. Ich hörte das Krankenhausgeschepper und die Stimmen von anderen Leuten auf der Station in der mit Kasias Stimme aufgezeichneten Luft.

Okay. Was hältst du davon? Es kommt darauf an, was man unter »Nymphe« versteht. Also je nachdem. Eine Kurzgeschichte ist wie eine Nymphe, weil Satyrn ständig mit ihr schlafen wollen. Eine Kurzgeschichte ist wie eine Nymphe, weil beide gern im Gebirge leben und in Hainen, bei Quellen und Flüssen und Tälern und kühlen Grotten. Eine Kurzgeschichte ist wie eine Nymphe, weil sie Artemis gern auf ihren Reisen begleitet. Noch nicht sehr lustig, ich weiß, aber ich arbeite dran.

Ich hörte, wie das Telefon aufgelegt wurde. Nachricht eingegangen um fünfzehn Uhr dreiundvierzig, sagte die Automatenstimme meines AB. Ich rief Kasia zurück und hörte mir noch mal genau dasselbe an, was die Telefonanlage des Krankenhauses mir am Vormittag erzählt hatte. Kasia ging ran, und noch ehe ich einen Ton sagen konnte, sagte sie:

Hör zu! Hör zu! Eine Kurzgeschichte ist wie eine Nymphomanin, weil beide gern mit vielen ins Bett gehen – oder in viele Anthologien reinwollen –, aber beide kein Geld nehmen für das Vergnügen.

Ich platzte laut heraus vor Lachen.

Im Gegensatz zu der obszönen ollen Hure von Roman, haha, sagte sie. Außerdem hab ich über Mittag mit meinem

Vater gesprochen, und er hat mir erzählt, dass man mit Nymphen auch Forellen fischen kann. Die sind ein Köder beim Fliegenfischen. Er sagt, es gibt Leute, die tragen dauernd Vergrößerungsgläser mit sich rum für den Fall, dass sie mal richtige Nymphen zu sehen kriegen, damit sie die dann für die Angelfliegen noch genauer nachbauen können.

Ich sag's dir, sagte ich. Die Welt ist voller erstaunlicher Dinge.

Ich weiß, sagte sie. Wie hoch stufst du den Anthologie-Witz ein?

Sechs von zehn Punkten, sagte ich.

Also geschenkt, sagte sie. Gut. Ich überleg mir was Besseres.

Vielleicht lässt sich aus den Nymphen als Fliegen noch was rausholen, sagte ich.

Haha. Aber für heute Nachmittag muss ich die Nymphen mal lassen und wieder auf den Herceptin-Pfad.

Gott!

Ich bin fix und alle, sagte sie. Wir versuchen's mal mit Briefen.

Wann ist ein Krebsmedikament kein Krebsmedikament?, sagte ich.

Wenn man es sich nicht leisten kann, sagte sie. Haha.

Alles Gute.

Dir auch. Willst du einen Tee?

Ich mach uns einen, sagte ich. Auf bald.

Die Leitung wurde unterbrochen. Ich legte mein Telefon weg und ging den Wasserkessel anschalten. Schaute zu, wie er Kochstufe erreichte und der Dampf zur Tülle herauskam. Füllte zwei Tassen mit kochendem Wasser und hängte die Teebeutel hinein. Ich trank meinen Tee und sah zu, wie der Dampf von der anderen Tasse aufstieg.

Mit Herceptin-Pfad hat Kasia das gemeint:

Herceptin ist ein Medikament, das jetzt schon eine Weile bei der Behandlung von Brustkrebs eingesetzt wird. Zu dem Zeitpunkt, als Kasia und ich das Gespräch in dieser Geschichte führten, hatten die Ärzte gerade erst entdeckt, dass es einigen Frauen im Frühstadium der Erkrankung wirklich hilft – denen, die zu viel HER2-Protein produzieren. Wenn eine Patientin auf das Medikament anspricht, kann das das Risiko eines Rückfalls um fünfzig Prozent senken. Überall auf der Welt waren die Ärzte ganz aufgeregt wegen des neuen Medikaments, weil das auf einen Paradigmenwechsel in der Brustkrebstherapie hinauslief.

Von alledem hatte ich, bevor Kasia mir davon erzählte, noch nie gehört, und sie selbst hatte auch noch nicht davon gehört, ehe eine kleine Wahrheit, keine zwei Zentimeter groß, die ein Arzt im April dieses Jahres in ihrer Brust fand, auf einen Paradigmenwechsel in ihrem Alltagsleben hinauslief. Inzwischen war es August. Im Mai hatte der Arzt ihr erzählt, wie gut Herceptin ist – das würde sie nach Beendigung ihrer Chemotherapie ganz sicher vom Staatlichen Gesundheitsdienst bekommen. Ende Juli bekam Kasias Arzt Besuch von einem Mitarbeiter des PCT, das für die Worte Primäre, Gesundheitsleistung und Trust steht, die Abkürzung der mit der Finanzierung des Staatlichen Gesundheitsdienstes befassten Behörde. Dieser PCT-Mensch gab dem Arzt meiner Freundin die Anweisung, betroffenen Frauen aus dem Einzugsgebiet des Krankenhauses gegenüber kein weiteres Wort über die Wunder von Herceptin verlauten zu lassen, bevor nicht eine NICE genannte Evaluierungseinrichtung die Wirtschaftlichkeit und Exzellenz des Medikaments bestätigt hatte. Das würde, hieß es damals, ungefähr ein Dreiviertel- oder ein Jahr dauern (bis dahin wäre es allerdings für meine Freundin und viele andere Frauen zu spät). Falls Kasia das Herceptin jedoch über ihre private Zusatzversicherung erwerben wollte – es kostete etwa siebenundzwanzigtausend Pfund –, war das natürlich sofort möglich, das wusste sie. Solche Sachen passieren bei einem dringend benötigten Medikament genau jetzt irgendwo in Ihrer Nähe.

»Primäre.« »Gesundheitsleistung.« »Evaluierung.« »Exzellenz.«

Jetzt kommt eine Kurzgeschichte über eine Nymphe, die die meisten Leute bereits zu kennen glauben. (Zufällig ist es auch eine der frühesten literarischen Manifestationen dessen, was wir heute Anorexie nennen.)

Echo war eine Oreade, das ist so was wie eine Bergnymphe. Unter den Nymphen und Schäfern war sie nicht nur für ihre famose Geschwätzigkeit bekannt, sondern auch dafür, dass sie ihre Nymphenfreundinnen vor dem Zorn der Göttin Juno bewahren konnte. Lagen ihre Freundinnen zum Beispiel auf einem Berghang herum und sonnten sich, wenn Juno jeden Moment um die Ecke biegen und sie beim Müßiggang erwischen konnte, sprang Echo, die mit sicherem Instinkt immer wusste, wann Juno im Anmarsch war, auf, fing die Göttin ab und hielt sie mit Geschichten und Gerede, Gerede und Geschichten auf, bis sämtliche faulen Nymphen auf waren und werkelten, so als hätten sie kein bisschen gefaulenzt.

Als Juno schnallte, was Echo tat, war sie schon ein bisschen verärgert. Sie zeigte mit dem Zeigefinger auf sie und sprach den erstbesten passenden Fluch, der ihr in den Sinn kam.

Von jetzt ab, sagte sie, wirst du bloß noch die Wörter laut wiederholen können, die du andere eben hast sagen hören. Alles klar?

Alles klar, sagte Echo.

Sie machte große Augen. Ihr klappte die Kinnlade runter.

Das wird dir hoffentlich eine Lehre sein, sagte Juno.

Leere sein, sagte Echo.

Genau. Ich muss dann mal wieder zur Jagd. Auf bald, sagte Juno.

Alt, sagte Echo.

Klar, diese klitzekleine Rebellion hab ich mir ausgedacht. In Ovids Originalversion der Geschichte gibt es bei Echo kein rebellisches Aufbegehren. Der Fähigkeit zu eigenständigem Sprechen beraubt und damit nicht mehr in der Lage, ihren Freundinnen den Rücken freizuhalten, bleibt ihr – in der Geschichte – offenbar nichts anderes übrig, als sich in einen Jungen zu verlieben, der so in sich selbst verliebt ist, dass er sich den lieben langen Tag bloß über den Quell seines eigenen Verlangens beugt und schließlich fast vergeht vor Gram (sich dann aber, anstatt zu sterben, von einem Jungen in eine kleine weiße Blume verwandelt).

Echo schmachtete ebenfalls. Ihr Gewicht fiel förmlich von ihr ab. Sie wurde dünn, sehr modisch, bestand dann nur noch aus Haut und Knochen, und schließlich war von ihr bloß noch ein quengeliges dünnes Sümmchen übrig, das körperlos herumflog und immer wieder genau dieselben Sachen sagte, die alle anderen sagten.

Im Vergleich dazu kommt jetzt die Geschichte des Moments, in dem ich meine Freundin Kasia kennenlernte, über zwanzig Jahre ist das nun her.

Ich studierte nach meinem ersten Abschluss weiter in Cambridge, und ich hatte meine Stimme verloren. Nicht etwa weil ich erkältet war oder eine Halsentzündung hatte, sondern weil zwei Jahre in einem starren hierarchischen System, in dem Mädchen und Frauen noch immer ein Novum waren, mir praktisch die Rede verschlagen hatten.

Ich saß also ziemlich weit hinten im Raum und hörte nicht mal mehr richtig zu, da vernahm ich eine Stimme. Sie kam von jemandem, der weiter vorn saß. Es war eine Mädchenstimme, und sie stellte dem Menschen, der das Seminar abhielt, und dem Seminarleiter eine direkte Frage über die amerikanische Schriftstellerin Carson McCullers.

Ich glaube schon, dass McCullers für alle Ebenen des hier diskutierten Themas sehr relevant ist, sagte die Stimme.

Der Mensch und der Seminarleiter guckten beide leicht schockiert, weil jemand etwas laut gesagt hatte. Der Seminarleiter hüstelte.

Ich beugte mich vor. Ich hatte seit zwei Jahren nicht mehr erlebt, dass jemand so sprach, so offen und unbekümmert, so kenntnisreich, so frank und frei. Dazu kam, dass ich am selben Tag schon mit einer Studentin gesprochen hatte, die in der gesamten Anglistischen Fakultät der Cambridge University niemanden gefunden hatte, der ihre Dissertation über Carson McCullers betreuen konnte. Offenbar hatte niemand von dem Lehrpersonal sie gelesen.

Ich wage jedenfalls zu behaupten, dass McCullers keineswegs dasselbe Format hat, sagte der Mensch, der den Vortrag über *Die Literatur nach Henry James* hielt.

Nun, die Sache ist die: Das finde ich nicht, erwiderte die Stimme.

Ich platzte laut heraus vor Lachen. Es war ein Geräusch, nie vernommen in solchen Räumlichkeiten; Köpfe fuhren herum, um zu schauen, wer sich so ungewöhnlich gebärdete. Die Neue stellte weiter höflich ihre Fragen, die niemand beantwortete. Sie erwähnte, das weiß ich noch, dass McCullers von der Maxime »Nichts Menschliches ist mir fremd« angetan gewesen sei.

Nach Beendigung des Seminars rannte ich hinter der Neuen her. Auf der Straße hatte ich sie eingeholt. Es war Winter. Sie hatte einen roten Mantel an.

Sie sagte mir ihren Namen. Ich hörte mich ihr meinen sagen.

Franz Kafka sagt, die Kurzgeschichte ist ein Käfig, der einen Vogel sucht. (Kafka ist seit über achtzig Jahren tot, aber ich kann immer noch Kafka sagt sagen. Das ist bloß eine von mehreren Weisen, in der sich die Kunst unserer Sterblichkeit annimmt.)

Tzvetan Todorov sagt, das Wichtige an Kurzgeschichten ist die Kürze, da sie uns keine Zeit lässt zu vergessen, dass es sich nur um Literatur handelt und nicht ums wirkliche Leben.

Nadine Gordimer sagt, in Kurzgeschichten geht es ganz und gar um den gegenwärtigen Moment, so wie Glühwürmchen da und dort im Dunkeln kurz aufleuchten.

Elizabeth Bowen sagt, der Vorteil der Kurzgeschichte vor dem Roman ist ihre besondere Form der Verdichtung; sie schafft in sich das Erzählen jedes Mal vollkommen neu.

Eudora Welty sagt, Kurzgeschichten problematisieren oft, was ihre ureigensten Anliegen sind, und genau das macht sie interessant.

Henry James sagt, die Kurzgeschichte, so verdichtet, wie sie ist, eröffnet auf jeweils spezifizierte Weise eine Perspektive auf Komplexität und Kontinuität zugleich.

Jorge Luis Borges sagt, Kurzgeschichten können die perfekte Form für Romanciers sein, die zu faul sind, etwas zu schreiben, das länger ist als fünfzehn Seiten.

Ernest Hemingway sagt, Kurzgeschichten entstehen durch ihre eigene Veränderung und Bewegung, und eine Geschichte, die einem statisch vorkommt und bei der man keine Bewegung ausmacht, verändert und bewegt sich wahrscheinlich trotzdem, bloß eben vom Leser unbemerkt.

William Carlos Williams sagt, die Kurzgeschichte wirkt wie die Flamme eines im Dunkeln entzündeten Streichholzes, sie ist die einzige Form, in der sich die Kürze, die Gebrochenheit und die gleichzeitige Ganzheit des Lebens der Menschen darstellen lassen.

Walter Benjamin sagt, Kurzgeschichten sind stärker als der wirkliche gelebte Moment, weil sie den wirklichen gelebten Moment auch noch zum Leben erwecken können, wenn der wirkliche gelebte Moment tot ist.

Cynthia Ozick sagt, der Unterschied zwischen einer Kurzgeschichte und einem Roman besteht darin, dass die Reise durch einen Roman, wenn er gut ist und funktioniert, den Leser tatsächlich verändert, wohingegen die Kurzgeschichte eher einem Talisman gleicht, den der Protagonist eines Märchens geschenkt bekommt – etwas Fertiges, Kraftvolles, das man, auch wenn seine Kraft womöglich nicht sofort erkannt wird, in den Händen halten oder einstecken und mitnehmen kann auf die dunkle Reise durch den Wald.

Grace Paley sagt, sie habe beschlossen, in ihrem Leben nur Kurzgeschichten zu schreiben, weil die Kunst lang ist, das Leben aber kurz, und dass Kurzgeschichten von Natur aus vom Leben handeln und dass in Dialogen und in der Auseinandersetzung immer das Leben selbst zu finden ist.

Alice Munro sagt, jede Kurzgeschichte sei im Grunde zwei Kurzgeschichten.

Es saßen zwei Männer in dem Café an dem Tisch direkt neben meinem. Der eine war jünger, der andere älter. Wir saßen nur für eine kurze Zeitspanne im selben Café, waren aber so lange verschiedener Ansicht, dass ich begriff, hier steckt eine Kurzgeschichte drin.

Diese Geschichte entstand im Gespräch mit meiner Freundin Kasia und zur Feier dessen, dass sie (wie andere) unermüdlich den Mund aufmacht – in diesem Fall einer der

Gründe dafür, dass sehr viele Menschen dieses bestimmte Medikament bekamen, als sie es brauchten.

Wann also ist die Kurzgeschichte wie eine Nymphe? Wenn ihr Echo widerhallt.

Aus dem Englischen von Silvia Morawetz

Nora Gomringer

Flüstern

Diesen Text gibt es gar nicht
Dieser Text gibt keinen Laut
Dieser Text muxt sich nicht
Begehrt nicht auf und murrt kaum
Er kommt in Stille, in der er wohnt
Geht von der Bühne, als wäre er nie da gewesen
Sein Autor ist tot, seine Aussage überhörbar
Dieser Text hat ein Problem
Er ist tonlos, ist behaucht und viel zu leise
Die Alten können ihn nicht hören, die Jungen sind ungeduldig
Der Text ist nicht gereimt, er muss vergraben werden
Halt du den Spaten und ich wickel ihn ein
Wir senken ihn tief, bis er auf Grundwasser stößt
Das Wasser flüstert ihn weiter, verrät ihn ans Meer
Oder in Suppe an deinen Bauch
Er ist wahrscheinlich leicht verdaulich
Liegt nicht lang im Magen

Dreht sich problemlos in den Abfluss
Hör gar nicht hin
Denn es gibt keinen Text ohne Lärm
Allein das Tippen auf Tasten
Das millionenfache Anschlagen der Buchstaben
Auf Millionen von Tastaturen ist ein so großer Lärm
Eine Babelei, ein Turmbau aus Text und Lehm
Gut, dass es diesen Text nicht gibt und
Diese Sorgen nicht jetzt aus der Büchse kommen
Denn wir bekommen ja Gäste
Und müssen heute noch plaudern und zuhören
Wie sie über ihre Kinder und Rentenversicherung
   Auskunft geben
Das Leben ohne Text wird herrlich
Weil wir dann wieder laut sein und Lärm machen dürfen
Aber was sag ich
Sag ich etwas
Hier wurde nie etwas gesagt, was nicht auch nicht-gehört
   hätte bleiben können
Ich gebe zu, es gab da den Gedanken an einen Text
Aber diesen Text gibt es gar nicht

Margaret Atwood

Blaubarts Ei

Sally steht am Küchenfenster, wartet darauf, dass die Sauce, die sie einkocht, leicht zu brodeln anfängt, und sieht nach draußen. Hinter der Garage erstreckt sich das Grundstück bis hinunter in die Schlucht; dort ist eine Wildnis aus Büschen und Zweigen und etwas, das Sally gern als Reben bezeichnet. Sie hatte die Idee gehabt, eine Art Terrasse anzulegen, aus alten Eisenbahnschwellen und mit wilden Blumen, die dazwischen wachsen sollten, aber Edward sagt, ihm gefiele es so, wie es ist. Ganz unten, dicht am Zaun, steht ein Spielhaus; von hier aus kann sie nur das Dach sehen. Es hat nichts mit Edwards Kindern zu tun, in ihren früheren Inkarnationen, vor Sallys Zeit; es ist viel älter und fällt schon auseinander. Sally würde es gern weghaben. Sie glaubt, dass Betrunkene darin schlafen, jene Männer, die dort unten unter den Brücken hausen, die gelegentlich über den Zaun klettern (der an den Stellen kaputt ist, wo sie draufgetreten sind) und den Hügel hinauf, um dann plötzlich wie Maulwürfe blinzelnd im Licht von Sallys gepflegtem Rasen hinter dem Haus aufzutauchen.

Links im Bild sieht sie Ed in seiner Windjacke; offiziell ist es Frühling, Sallys Blausterne blühen, aber es ist kühl für diese Jahreszeit. Eds Windjacke ist schon alt, aber wegwerfen will er sie nicht; es steht immer noch WILDCATS drauf, ein Überbleibsel irgendeines Teams, dem er in der Highschool angehörte, ein so prähistorisches Zeitalter, dass es für Sally kaum vorstellbar ist; obwohl es gar nicht mal schwerfällt, sich Ed auf der Highschool vorzustellen. Die Mädchen müssen sich um ihn gerissen haben, aber er wird es nicht einmal gemerkt haben; diese Dinge ändern sich nicht. Er werkelt jetzt im Steingarten herum; ein paar von den Felsbrocken ragen zu weit vor und könnten Sallys Peugeot zerkratzen, wenn sie ihn in die Garage fährt, und er rückt sie ein wenig herum. So etwas tut er gern, Dinge herumschieben, vor sich hin summen. Handschuhe zieht er keine an, obwohl sie ihm immer wieder sagt, dass er sich die Finger zerquetschen kann.

Während Sally seinen gebeugten Rücken betrachtet, mit den ausgefransten, rührenden Buchstaben darauf, schmilzt sie dahin, was ihr nicht oft passiert. *Mein lieber Edward,* denkt sie. *Mein Bär mit dem kleinen Hirn. Wie ich dich liebe.* In solchen Momenten fühlt sie eine große Fürsorge für ihn.

Sally weiß, dass dumme Blondinen geliebt werden, nicht weil sie blond sind, sondern wegen ihrer Dummheit. Ihre Hilflosigkeit und ihre Verwirrung sind das, was sexuell attraktiv ist, nicht ihr Haar. Das Gefühl von Zärtlichkeit, das die Männer für solche Frauen verspüren, ist kein falsches Gefühl. Sally versteht es.

Denn, zugegeben: Sally liebt Ed wegen seiner Dummheit, wegen seiner monumentalen und fast energischen Dummheit – energisch, weil Eds Dummheit nicht passiv ist. Er ist kein gewöhnlicher Dummkopf; um so dumm zu sein wie er, hat sich einer schon ganz schön anstrengen müssen. Fühlt sich Sally deshalb klüger oder gewitzter als er oder womöglich noch klüger, als sie wirklich ist? Nein, ganz im Gegenteil, es macht sie bescheiden. Es erfüllt sie mit Staunen, dass es auf der Welt solche Wunder gibt wie Eds kolossale und entzückende Einfältigkeit. Er ist einfach *dumm*. Jedes Mal, wenn er ihr einen weiteren Beweis dafür liefert, ein weiteres Steinchen, das sie in das unendliche Mosaik seiner Dummheit, an dem sie ständig arbeitet, einfügen kann, möchte sie ihn in den Arm nehmen und tut es auch oft; aber er ist so dumm, dass er gar nicht darauf kommt, warum sie es tut.

Weil Ed so dumm ist, weiß er nicht einmal, dass er dumm ist. Er ist ein Glückskind, ein dritter Sohn, der mit nichts als einer gewissen schwachsinnigen Liebenswürdigkeit ausgerüstet ist und der sich durch den Wald schlägt, mit all seinen Hexen und Fallen und Gruben, und am Ende die Prinzessin bekommt, die natürlich Sally ist. Es hilft ihm, dass er gut aussieht.

An guten Tagen kommt ihr seine Dummheit wie Unschuld vor, lammgleich, die so hell erstrahlt wie (beispielsweise) grüne, mit Gänseblümchen übersäte Wiesen in der Sonne. (Wenn Sally anfängt, so über Ed nachzudenken, in Bildern von Kalenderkunst, die in den Tankstellentoiletten ihrer Kindheit hingen; wenn sie die Bilder eines Jungen mit lockigem goldenem Haar hervorholt, dessen Arme um den Hals eines irischen Setters geschlungen sind – ein notorisch gehirnloses Tier, wie sie sich ins Gedächtnis ruft –, dann weiß sie, dass sie Gefahr läuft, in eine grässliche Sentimentalität abzugleiten, und dass sie sofort damit aufhören muss, weil Ed sonst verschwinden wird, ersetzt von einem ausgestopften Faksimile, das zu nicht viel mehr nütze ist als zu einem Schirmständer. Ed ist ein echter Mensch, an dem sehr viel mehr dran ist, als diese stark vereinfachten Beschreibungen zulassen; was ihr manchmal Sorgen bereitet.) Aber an schlechten Tagen kommt ihr seine Dummheit wie Absicht vor, wie der starrköpfige Entschluss, Dinge auszublenden. Seine Beschränktheit ist eine Mauer, hinter der er seinen eigenen Geschäften nachgehen, vor sich hin summen kann, während Sally sich, ausgesperrt, ihren Weg durch die Brombeersträucher bahnen muss – mit kaum mehr als einem durchsichtigen Regenmantel am Leib.

Warum hat sie ihn gewählt (oder, um genau zu sein, wie sie es mit sich zu sein sucht und daher manchmal sogar laut ausspricht: *hat sie sich ihn geangelt*), wo doch jedem klar ist, dass ihr ganz andere Möglichkeiten offenstanden? Marylynn, die ihre beste, wenn auch neueste Freundin ist, hat sie es erklärt, indem sie sagte, dass sie schon in ihrer Kindheit verdorben wurde, weil sie zu viele Mordgeschichten von Agatha Christie las, die davon handelten, wie die kluge und gerissene Heldin den ebenfalls klugen und gerissenen Hauptdarsteller und Helden, der dabei mithalf, das Verbrechen aufzuklären, einfach übergeht und die ihm absolut unterlegene Nebenfigur heiratet, den dummen Mann, denjenigen, den man eingesperrt, verurteilt und hingerichtet hätte, wären sie und ihre Klugheit nicht gewesen. Vielleicht sieht sie auch Ed so: Wenn er sie nicht hätte, würde ihn seine unüberlegte tollpatschige Freundlichkeit in alle möglichen Sümpfe führen, in alle möglichen Senkgruben stürzen, aus denen er niemals wieder herauskommen würde, und dann wäre es aus mit ihm.

»Senkgruben« und »Sümpfe« sind keine schmeichelhaften Begriffe, wenn es um andere Frauen geht, aber das hat Sally nun mal im Hinterkopf; insbesondere die beiden früheren Frauen von Ed. Sally hat ihn nicht direkt aus ihren Klauen befreit. Der ersten, die vor vierzehn Jahren an die Westküste gezogen ist und jetzt Weihnachtskarten schickt, ist sie noch nicht mal begegnet, und die zweite war schon älter und hatte gerade damit begonnen, sich von Ed zu trennen, als Sally des Weges kam. (Für Sally bedeutet »schon älter« jede, die fünf Jahre älter ist als sie selbst. Das hat es immer bedeutet. Allerdings gilt es nur für Frauen. Ed ist für sie nicht »schon älter«, obwohl ihr Altersunterschied erheblich größer ist als fünf Jahre.)

Ed weiß nicht, was mit diesen Ehen passiert, was schiefgegangen ist. Seine Beteuerungen der Unkenntnis, seine

Weigerung, über die subtileren Einzelheiten zu sprechen, findet Sally frustrierend, weil sie gern die ganze Geschichte erfahren möchte. Aber es macht ihr auch Angst: Wenn er nicht weiß, was mit den beiden anderen los war, könnte dasselbe vielleicht mit ihr passieren, ohne dass er es mitbekommt. Eine Dummheit wie die von Ed kann für das Wohlergehen anderer gefährlich sein. Wenn er nun eines Tages aufwacht und zu dem Schluss gelangt, dass sie am Ende doch nicht die richtige Braut für ihn ist, sondern die falsche? Dann wird sie in ein Fass mit Nägeln gesteckt und endlos weit den Berg hinuntergerollt werden, während er längst schon wieder in einem neuen Hochzeitsbett sitzt und Champagner trinkt. Sie weiß noch, welche Marke, weil sie ihn selbst gekauft hat. Champagner ist nicht gerade das, was Ed als i-Tüpfelchen in den Sinn kommen würde, obwohl es ihm damals nicht schlecht gefallen hat.

Aber nach außen tut Sally so, als fände sie das alles sehr komisch. »Er *weiß* es nicht«, sagt sie zu Marylynn und lacht ein bisschen, und sie schütteln beide den Kopf. Sie an seiner Stelle wüssten es. Marylynn ist selbst geschieden, und sie kann jede kleine Einzelheit aufzählen, die nicht gestimmt hat, Punkt für Punkt. Nachdem sie es getan hat, fügt sie noch hinzu, dass ihr in ihrem ganzen Leben kaum etwas Besseres passiert sei als diese Scheidung. »Vorher war ich einfach ein Nichts«, sagt sie. »Sie hat mich dazu gebracht, mich zusammenzureißen.«

Sally, die Marylynn über den Küchentisch ansieht, muss zugeben, dass sie jetzt weit davon entfernt ist, ein Nichts zu sein. Sie hatte damit angefangen, die Einbauschränke von Leuten neu herzurichten, und besitzt inzwischen eine eigene Firma für Innenausstattung. Sie dekoriert die Häuser der Neureichen, solcher, die keine antiken Möbel und auch nicht den Mut haben, schäbig auszusehen, und die gern möchten, dass ihre Einrichtungen ihren persönlichen Geschmack widerspiegeln, den sie in Wirklichkeit gar nicht besitzen.

»Was sie wollen, sind Mausoleen«, sagt Marylynn, »oder Hotels«, und die liefert sie ihnen freudigen Herzens. »Bis zu den Aschenbechern. Stell dir vor, du lässt dir von anderen deine Aschenbecher aussuchen.«

Mit diesen Worten lässt Marylynn Sally wissen, dass sie sie nicht zu dieser Kategorie zählt, obwohl Sally sie ganz zu Anfang tatsächlich engagiert hatte, um ihr mit ein paar Dingen im Haus zur Hand zu gehen. Es war Marylynn gewesen, die im großen Schlafzimmer die Schrankwand neu entworfen und die Sallys schweren chinesischen Mahagonitisch gefunden hatte, für den sie noch mal siebenhundert Dollar hingelegt hat, um ihn abziehen zu lassen. Aber am Ende war er einfach perfekt, ganz wie Marylynn prophezeit hatte. Jetzt hat sie einen Sekretär aus dem 19. Jahrhundert ausgegraben, und beide, sie und Sally, sind sich einig, dass er genau das Richtige für den Alkoven mit dem Erkerfenster neben dem Wohnzimmer wäre. »Warum brauchst du ihn?«, fragte Ed auf seine verwirrte Art. »Ich dachte, du arbeitest in deinem Studio.« Sally stimmte ihm zu, sagte aber, dass sie die Telefonrechnungen darin aufheben könnten, was ihn anscheinend zufriedenstellte. Sie weiß genau, wozu sie ihn braucht: Sie braucht ihn, um daran zu sitzen, in etwas Fließendem, im Gegenlicht der Morgensonne, während sie elegant Notizen auf ein Blatt Papier kritzelt. Sie hat mal genau so eine Werbeanzeige von 1940 gesehen, die für Kaffee warb und wo der Ehemann hinter dem Stuhl stand und sich mit anbetender Miene über die Schulter seiner Gemahlin beugte.

Marylynn ist eine Freundin, der sie so etwas nicht erklären muss, weil sie sich auch so verstehen. Sally hat Respekt vor ihrer Intelligenz.

Marylynn ist groß und elegant, und alles, was sie anzieht, sieht modisch aus. Ihr Haar ist vorzeitig ergraut, und sie lässt es so. Sie liebt weite Blusen aus cremefarbener Seide und exzentrische Schals, die sie aus interessanten Läden und ausgefallenen Ecken und Enden der Welt mitgebracht hat und die sie sich lässig um den Hals und über die eine Schulter wirft. (Sally hat diesen Wurf vor dem Spiegel ausprobiert, aber er will nicht klappen.) Marylynn hat eine große Sammlung ungewöhnlicher Schuhe; sie sagt, dass sie ungewöhnlich seien, weil ihre Füße so groß sind, aber Sally weiß es besser. Sally, die sich selbst immer ganz hübsch gefunden hat und jetzt findet, dass sie sich für ihr Alter gut gehalten hat, beneidet Marylynn um ihren Knochenbau, der ihr gute Dienste leisten wird, wenn das Unvermeidliche geschieht.

Immer wenn Marylynn zum Abendessen kommt, so wie heute – sie bringt auch den Sekretär mit –, gibt sich Sally mit ihrer Kleidung und ihrem Make-up besondere Mühe. Sie weiß, dass Marylynn für solche Dinge ihre eigentliche Zuschauerin ist, da Ed von keinerlei Veränderung, die sie an sich vornimmt, im Geringsten beeindruckt scheint, ja sie nicht einmal zur Kenntnis nimmt. »Ich finde dich gut so«, ist alles, was er sagt, egal wie sie nun wirklich aussieht. (Aber will sie denn überhaupt, dass er sie sich genauer ansieht, oder nicht? Wahrscheinlich nicht. Wenn er es täte, würde er die unvermeidlichen Fältchen entdecken, die kleinen Fleischsäcke, die sich bald bilden werden, das Geflecht unter ihren Augen. Es ist besser so, wie es ist.)

Sally hat diese Bemerkung von Ed Marylynn gegenüber wiederholt und hinzugefügt, dass er sie an dem Tag gemacht hatte, an dem der Jacuzzi übergelaufen war, weil der Feueralarm wegen des englischen Teegebäcks losging, das sie aufwärmen wollte, um es in der Badewanne zu essen, das aber im Toaster stecken blieb, so dass sie eine volle Stunde damit zubringen musste, Zeitungen auszubreiten und den Boden aufzuwischen, und nur eine halbe Stunde Zeit hatte, sich für das Abendessen umzuziehen, zu dem sie eingeladen waren. »Ehrlich, ich habe ausgesehen wie der Zorn Gottes«, sagt Sally. In diesen Tagen stellt sie fest, dass sie vieles von dem, was Ed zu ihr gesagt hat, Marylynn gegenüber erwähnt: die dummen Dinge. Marylynn ist von Sallys Freundinnen die einzige, der sie in diesem Maße vertraut.

»Ed ist so hübsch wie ein Knopf«, sagte Marylynn. »Eigentlich ist er ganz genauso wie ein Knopf: so hell und glänzend. Wenn er mir gehören würde, dann würde ich ihn mit Bronze überziehen und auf den Kaminsims stellen.«

Marylynn versteht es sogar noch besser als Sally, sich für die besondere Marke von Eds Dummheit Formulierungen auszudenken, was Sally manchmal irritiert: Wenn sie es selbst sagt, kommen ihr die Kommentare nachsichtig und liebevoll vor, aber bei Marylynn grenzt es oft ans Gönnerhafte. Und so tritt sie für Ed ein, der keineswegs in allem dumm ist. Wenn man es genau betrachtet, ist er nur in einem Bereich des Lebens hoffnungslos. Ansonsten ist er durchaus intelligent, manche sagen sogar brillant: Wie könnte er sonst so erfolgreich sein?

Ed ist ein Mann fürs Herz, einer der besten, und die Ironie, die darin steckt, bleibt Sally nicht verborgen: Wer könnte wohl über die Funktion von Herzen, richtigen Herzen, solchen aus rotem Satin, von seidener Spitze umrahmt und mit zwei rosa Schleifchen geschmückt, weniger wissen als Ed? Herzen mit Pfeilen darin. Doch zugleich macht die Tatsache, dass er ein Mann fürs Herz ist, einen großen Teil seines Charmes aus. Die Frauen treiben ihn auf Sofas in die Enge, locken ihn auf Cocktailpartys in Erkernischen, flüstern auf Dinnerpartys in vertraulichem Ton mit ihm. Sie tun es direkt vor Sallys Augen, unter ihrer Nase, als wäre sie unsichtbar, und Ed lässt es zu. Das würde nie geschehen, wenn er im Bankgeschäft oder im Bauwesen tätig wäre.

Aber wie die Dinge liegen, ist er, wo immer er hingeht, von Sirenen belagert. Sie erwarten von ihm, dass er ihre Herzen in Ordnung bringt. Bei allen scheint da irgendein kleiner Fehler zu sein – ein Murmeln, ein Flüstern. Oder sie fallen andauernd in Ohnmacht und wollen von ihm wissen, warum. Nach Eds Aussage geht es in den Gesprächen immer nur darum, und Sally glaubt es ihm. Früher hatte sie diese

Täuschung selbst gewollt. Was hatte sie sich anfangs nicht alles selbst für ihn ausgedacht. Ein schweres Herz, das nach dem Essen viel zu heftig zu schlagen begann. Und er war so süß gewesen, hatte sie mit seinen erstaunten braunen Augen angesehen, als wäre ihr Herz das wirkliche Thema, hatte ihr ernst zugehört, als wäre ihm ein solcher Unsinn noch nie zu Ohren gekommen, hatte ihr geraten, weniger Kaffee zu trinken. Und wie hatte sie triumphiert, weil sie ihm mit ihren Schwindeleien dieses winzige Zeichen von Interesse abgeluchst hatte.

Wenn sie an diesen Vorfall zurückdenkt, ist ihr unbehaglich zumute, jetzt, nachdem sie ihre eigene Darbietung schon so viele Male wiederholt gesehen hat, bis hin zu der Hand, die leicht aufs Herz gedrückt wird, selbstverständlich nur, um die Aufmerksamkeit auf die Brüste zu lenken. Einige dieser Frauen waren nahe daran, Ed so weit zu bringen, mitten in Sallys Wohnzimmer seinen Kopf an ihre Brust zu legen. Sally, die, während sie die Getränke serviert, alles aus den Augenwinkeln beobachtet, fühlt, wie die Aztekin in ihr hochkommt. *Ärger mit dem Herzen? Lass es dir doch rausnehmen*, denkt sie. *Dann hast du keine Probleme mehr.*

Manchmal fürchtet Sally, dass sie ein Nichts ist, ebenso wie Marylynn, bevor sie eine Scheidung und einen Job kriegte. Aber Sally ist kein Nichts, daher braucht sie keine Scheidung, um das zu überwinden. Und irgendeinen Job hat sie immer gehabt, wie gerade jetzt zum Beispiel auch. Zum Glück hat Ed nichts dagegen; er ist fast nie gegen etwas, was sie tut.

Eigentlich ist es ein Ganztagsjob, aber in Wirklichkeit arbeitet Sally nur Teilzeit, denn sie nimmt eine Menge Arbeit mit nach Hause, um sie dort, wie sie sagt, mit links zu erledigen. Wenn Sally rebelliert, wenn sie die langweilige Gattin eines faszinierenden Herzmannes spielt – das tut sie bei Leuten, mit denen sie sich nicht weiter abgeben will –, sagt sie, sie arbeite in einer Bank, nichts Wichtiges. Dann beobachtet sie, wie ihre Augen über sie hinwegsehen. Wenn sie jedoch auf jemanden Eindruck machen will, sagt sie, sie sei in der PR-Branche tätig. In Wirklichkeit macht sie das Mitarbeitermagazin einer Treuhandgesellschaft, einer mittelgroßen. Das ist eine dünne Broschüre in hübschem Druck, die den Angestellten das Gefühl vermitteln soll, dass einige von den Jungs da draußen gute Arbeit leisten und auch nur Menschen sind. Es heißt noch immer »die Jungs«, obwohl die wenigen Frauen, die auch nur annähernd so etwas wie eine Schlüsselposition innehaben, regelmäßig vorgezeigt werden, in ihren Blusen und Kostümen und mit strahlendem Lächeln, das, wie sie hoffen, Vertrauen ausdrückt und nicht Aggression.

Es ist der jüngste einer Reihe ähnlicher Jobs, die Sally über die Jahre hatte: recht bequeme Jobs, die ihre Zahnräder und Rädchen nur zur Hälfte beanspruchen und am Ende zu nichts führen. Rein technisch ist sie die stellvertretende Leiterin: Über ihr steht ein Mann, der für das Management nicht getaugt hatte, den man aber nicht rausschmeißen konnte, weil seine Frau mit dem Vorsitzenden des Aufsichtsrats verwandt war. Er geht mittags zu ausgedehnten alkoholreichen Essen und spielt viel Golf, und Sally schmeißt den Laden. Dieser

Mann erntet für alles, was Sally richtig macht, offizielles Lob, aber wenn niemand hinsieht, nehmen die leitenden Herren der Firma Sally beiseite und sagen ihr, was für ein tolles Mädchen sie ist und was für ein kluger Kopf, so ihren Mann zu stehen.

Aber richtig bezahlt macht sich die Sache für Sally nur, weil ihr Boss sie mit einem endlosen Vorrat an Anekdoten versorgt. Sie lebt von Geschichten über seine Beschränktheit und sein pompöses Gehabe, seine hirnrissigen Vorschläge für das, was sie beide für das Magazin erdichten sollten – das *Organ*, wie er es laut Sally immer nennt. »Er sagt, wir brauchen frisches Blut, um das Organ hochzukriegen«, sagt Sally, und die Herzmänner grinsen sie an. »Hat er das tatsächlich gesagt?« So von ihrem Boss zu reden, wäre leichtsinnig – man weiß doch nie, was ihm zu Ohren kommt, so klein, wie die Welt ist –, falls Sally Angst hätte, ihren Job zu verlieren, aber das hat sie nicht. Zwischen ihr und diesem Mann besteht ein stillschweigendes Einverständnis: Sie wissen beide, dass, wenn sie geht, auch er geht, denn wer sonst würde ihn ertragen? Sally könnte versuchen, sich seinen Job zu angeln, wenn sie dumm genug wäre, seine familiären Beziehungen außer Acht zu lassen; wenn sie danach trachten würde, sich mit Macht zu schmücken. Aber so, wie die Dinge stehen, fühlt sie sich ausgesprochen wohl. Sie habe ihre Ebene der Inkompetenz erreicht, sagt sie scherzend. Sie habe Angst vor dem Erfolg.

Ihr Boss hat weiße Haare, ist schlank und braungebrannt und sieht aus wie eine englische Gin-Reklame. Trotz seiner geistigen Leere wirkt er nach außen distinguiert, das gesteht sie ihm zu. In Wahrheit verhätschelt sie ihn wahnsinnig, verwöhnt ihn, steht bei jeder Gelegenheit für ihn gerade, obgleich sie nicht so weit geht, für ihn die Sekretärin zu spielen: Sie bringt ihm keinen Kaffee. Dafür haben sie beide eine Sekretärin, die das ohnehin tut. Das eine Mal, als er einen Annäherungsversuch machte – das war, als er sichtlich schwankend von einem Mittagessen kam –, hat Sally es freundlich übergangen.

Gelegentlich, wenn auch nicht oft, muss Sally in Verbindung mit ihrem Job verreisen. Sie wird in Orte wie Edmonton geschickt, wo sie eine Zweigstelle haben. Sie interviewt die Jungs der mittleren und oberen Etagen; sie gehen zusammen Mittag essen, und die Jungs reden vom Auf und Ab im Ölgeschäft oder von der Flaute auf dem Grundstücksmarkt. Dann wird sie auf Fahrten zu Einkaufszentren mitgenommen, die sich gerade im Bau befinden. Es ist immer windig, und der Staub weht ihr ins Gesicht. Sie kehrt zurück zu ihrem Heimatstützpunkt und verfasst einen Artikel über die jugendliche Frische und die Vitalität des Westens.

Sie neckt Ed, während sie packt, sagt, dass sie eine Verabredung mit einem oder zwei hinreißenden Finanzmenschen habe. Ed fühlt sich nicht bedroht; er wünscht ihr eine gute Reise und viel Spaß, und sie umarmt ihn und sagt, wie sehr sie ihn vermissen wird. Er ist so dumm, dass er gar nicht auf die Idee kommt, sie könnte nur scherzen. Tatsächlich hätte Sally bei mehreren solcher Gelegenheiten sehr gute Möglichkeiten gehabt, eine Affäre anzufangen, oder wenigstens ein Verhältnis für ein oder zwei Nächte: Sie weiß genau, wann ein Kreidestrich gezogen wird oder wann sie ermutigt wird, ihn zu überschreiten. Aber außer mit Ed ist sie nicht daran interessiert, mit irgendjemandem ein Verhältnis zu haben.

In den Flugzeugen isst sie nicht viel; das Essen schmeckt ihr nicht. Aber auf dem Rückflug hebt sie stets die verpackten Teile der Mahlzeit auf, den Käse in seiner Plastikhülle, den winzig kleinen Schokoladenriegel, die Brezelpackung. Sie verstaut sie in ihrer Tasche. Sie nimmt sie als Vorräte, die sie vielleicht doch noch benötigen wird, wenn sie auf einem fremden Flughafen stecken bleibt, wenn sie wegen Schnee oder Nebel zum Beispiel den Kurs ändern müssen. Alles Mögliche könnte passieren, auch wenn bisher nie etwas war. Wenn sie zu Hause ankommt, holt sie die Sachen aus ihrer Tasche und wirft sie weg.

Draußen vor dem Fenster richtet Ed sich auf, wischt die schmutzverschmierten Hände an den Seiten seiner Hose ab. Er dreht sich um, und Sally tritt vom Fenster zurück, damit er nicht sieht, dass sie ihn beobachtet. Sie mag es nicht, wenn man es ihr zu deutlich anmerkt. Sie wendet sich wieder der Sauce zu: Dort geht es um das zweite Stadium einer *sauce suprême*, die bei dem Hühnchen für das gewisse Etwas sorgt. Als Sally diese Sauce erlernte, zitierte der Kochlehrer ihr einen großen Küchenchef, für den das Hühnchen nichts als eine Leinwand war. Es sollte ein Vergleich mit der Malerei sein, aber Sally verkehrte die Sache und sagte leise zu der Frau neben ihr: »Meins ist auf jeden Fall Leinwand, mit oder ohne Sauce«, oder so ungefähr.

Das Gourmetkochen war der dritte Abendkursus, den Sally belegt hatte. Im Augenblick absolviert sie ihren fünften, mit dem Titel *Formen der fiktiven Erzählung*. Er besteht zur Hälfte aus Lesen und zur Hälfte aus Schreibübungen – der Lehrer findet, dass man eine Kunstform erst begreifen kann, wenn man sie selbst ausprobiert hat –, und Sally behauptet, es mache ihr Spaß. Ihren Freundinnen sagt sie, dass sie in die Abendkurse geht, damit ihr Gehirn nicht verkümmert, und ihre Freundinnen amüsieren sich darüber: Was immer mit Sallys Gehirn geschehen könnte, sagen sie, verkümmern werde es bestimmt nicht. Sally weiß es besser, aber da geht auf jeden Fall noch was. Anfangs hat sie mit den Kursen in dem Glauben begonnen, dass Ed sie dadurch vielleicht interessanter finden würde, aber diesen Gedanken hat sie bald wieder fallenlassen: Ed scheint sie jetzt weder interessanter noch uninteressanter zu finden als vorher.

Das Essen für den Abend ist fast fertig. Sally bemüht sich, alles gut zu organisieren: der übergelaufene Jacuzzi war ein Ausrutscher. Die kalte Brunnenkressesuppe mit Walnüssen steht im Kühlschrank, die Schokoladenmousse ebenfalls. Ed, so wie er nun mal ist, mag lieber Fleischpastete als süßes Brot mit Nüssen, lieber Karamellpudding aus der Packung als Kastanienpüree mit Schlagsahne. (Sally hat sich die Finger verbrannt, als sie die Kastanien schälte. Sie musste es sich schwermachen, anstatt eine Dose zu kaufen.) Sally sagt, Ed habe seine Vorliebe für diese Art Essen aus den Krankenhauskantinen, durch die er in seiner Jugend sozusagen vorprogrammiert wurde: Man halte ihm ein verbranntes Würstchen und einen Löffel Kartoffelbrei hin, und schon laufe ihm das Wasser im Mund zusammen. Aber deswegen kann sie ihr *bœuf en daube* und ihren Lachs *en papillote* nur für Gäste entfalten, auftischen, kosten und preisen lassen.

Am meisten jedoch liebt sie bei solchen Essen das Tischdecken: zu überlegen, wer wo sitzen soll und, wenn sie boshaft ist, sogar, worüber sie vielleicht reden werden. Dann kann sie sich hinsetzen und ihnen bei alledem zuhören. Manchmal hilft sie auch noch ein bisschen nach.

Heute Abend wird es nicht sehr spannend werden, da nur die Herzmänner mit ihren Frauen kommen, und Marylynn, die, wie Sally hofft, dazu beitragen wird, sie erträglich zu machen. Den Herzmännern ist es verboten, an Sallys Esstisch von ihrer Arbeit zu reden, aber sie tun es trotzdem. »Nichts, was man sich bei Tisch wirklich anhören möchte«, sagt Sally, »all diese Röhren und Schläuche.« Insgeheim findet sie, dass sie ein eingebildeter Haufen sind, alle außer Ed. Sie kann es sich nicht verkneifen, ihnen ab und zu einen Stich zu versetzen.

»Ich finde«, hat sie zu einem führenden Chirurgen gesagt, »dass es im Grunde nur eine erhabene Form von Schneiderei ist, finden Sie nicht?«

»Wie bitte?«, sagte der Chirurg lächelnd. Die Herzleute finden, dass Sally sie viel zu sehr neckt.

»Eigentlich ist es doch nichts anderes als Schneiden und Nähen, oder?«, murmelte Sally. Der Chirurg lachte.

»Ein bisschen mehr gehört schon noch dazu«, erklärte Ed mit unerwarteter Feierlichkeit.

»Was denn noch, Ed?«, fragte der Chirurg. »Man könnte sagen, dass noch eine Menge Stickarbeit dabei ist, aber das ist in der Rechnung inbegriffen.« Er lachte in sich hinein.

Sally hielt die Luft an. Sie konnte hören, wie sich Eds verbale Gedankenabläufe in Gang setzten. Er war köstlich.

»Sachverstand«, sagte Ed. Seine Ernsthaftigkeit klatschte wie ein nasser Fisch auf den Tisch. Der Chirurg spülte hastig seinen Wein hinunter.

Sally lächelte. Das war, wie sie wusste, ein Verweis an sie, weil sie die Dinge nicht ernst genug nahm. *Ach, komm schon, Ed,* könnte sie sagen. Aber sie weiß auch, jedenfalls meistens, wann sie den Mund halten muss. Sie müsste ein Leuchtschild mit der Aufschrift »Witz« auf der Stirn tragen, damit Ed wüsste, woran er ist.

Die Herzmänner stehen sich gut. Die meisten von ihnen scheinen sich besserzustehen als Ed, aber das kommt nur daher, weil sie, im Großen und Ganzen, einen kostspieligeren Geschmack und weniger Frauen haben. Sally kann diese Dinge errechnen, und sie schätzt, dass Ed ungefähr gleichauf liegt mit ihnen.

Dieser Tage ist viel von fortgeschrittenen Technologien die Rede, über die sich Sally auf dem Laufenden zu halten sucht, da sie Ed interessieren. Vor ein paar Jahren haben die Herzleute eine neue Anlage angeschafft. Ed war so aufgedreht, dass er Sally davon erzählte, was für ihn ungewöhnlich war. Eine Woche später sagte Sally, dass sie gegen Ende des Tages im Krankenhaus vorbeikommen würde, um Ed abzuholen und mit ihm essen zu gehen, weil sie keine Lust zum Kochen hätte. In Wirklichkeit wollte sie sich die neue Anlage ansehen; sie sieht sich gern alles an, was die Kurve auf Eds Erregungstabelle über die normalen Werte hinausschießen lässt.

Zuerst sagte Ed, er sei müde und wolle den Tag, wenn er endlich überstanden sei, nicht auch noch verlängern. Aber Sally überredete ihn und gab sich respektvoll, und schließlich ließ sich Ed dazu bewegen, ihr seine neueste Errungenschaft vorzuführen. Es war ein kleiner verdunkelter Raum mit einem Untersuchungstisch darin. Die Sache selbst sah wie ein Fernsehschirm aus, der an einer komplizierten Apparatur aufgehängt war. Ed sagte, sie könnten die Patienten an Drähte anschließen und Tonwellen des Herzens in Gang setzen und die Echos auffangen, so dass sie ein Bild auf den Schirm bekämen, ein authentisches Bild von der Bewegung des Herzens. Es sei tausendmal besser als ein Elektrokardiogramm, sagte er: Die Fehler, die unnatürlich vergrößerten oder blockierten, nicht funktionierenden Gefäße seien viel deutlicher zu erkennen.

»In Farbe?«, sagte Sally.

»Schwarzweiß«, sagte Ed.

Sally wurde von dem Wunsch ergriffen, ihr eigenes Herz zu sehen, in Bewegung, in Schwarzweiß, auf dem Bildschirm. Beim Zahnarzt will sie auch immer die Röntgenbilder von ihren Zähnen sehen, hart und glänzend in ihrem umwölkten Kopf. »Mach mal«, sagt sie, »ich will sehen, wie es funktioniert«, und obgleich Ed gewöhnlich solche Dinge vermied oder ihr sagte, es sei albern, musste sie ihn diesmal gar nicht groß überreden. Die Anlage faszinierte ihn selbst, und er wollte sie stolz auch anderen vorzeigen.

Er vergewisserte sich noch einmal, ob auch tatsächlich niemand für das Zimmer angemeldet war. Dann sagte er zu Sally, dass sie sich ausziehen solle, oben herum, den Büstenhalter und alles. Er gab ihr einen Papierkittel und kehrte ihr, während sie ihn überzog, sittsam den Rücken zu, als würde er nicht Nacht für Nacht ihren Körper sehen. Er befestigte Elektroden an ihr, an den Knöcheln und an einem Handgelenk, drehte an einem Schalter und machte an den Skalen herum. Eigentlich wäre dies Sache eines Technikers, sagte er, aber er wusste, wie man den Apparat bedienen musste. Er kannte sich gut aus mit kleinen Geräten.

Sally lag flach ausgestreckt auf dem Tisch und fühlte sich merkwürdig nackt. »Was muss ich tun?«, sagte sie.

»Einfach still liegen«, sagte Ed. Er kam zu ihr und riss ein Loch in den Papierkittel, direkt über ihrer linken Brust. Dann fuhr er mit einer Sonde über ihre Haut. Sie war nass und glitschig und kalt und fühlte sich an wie die Kugel eines Deorollers.

»Da«, sagte er, und Sally drehte den Kopf zur Seite. Auf dem Bildschirm war ein großer grauer Gegenstand zu sehen, wie eine riesige Feige, die in der Mitte blasser wurde und durch die quer hindurch eine dunkle Linie führte. Die Seiten bewegten sich nach innen und nach außen; innen flatterten zwei Flügel, wie eine rastlose Motte.

»Das ist alles?«, sagte Sally zweifelnd. Ihr Herz sah so unwirklich aus wie ein Beutel Gelatine, etwas, das schmelzen, dahinschwinden, sich auflösen würde, wenn man nur ein wenig daran herumdrückte.

Ed bewegte die Sonde, und sie sahen das Herz von unten, dann von oben. Dann hielt er das Bild an, machte aus dem Positiv ein Negativ. Sally begann zu zittern.

»Das ist ja wunderbar«, sagte sie. Er schien so weit weg, so in seine Maschine vertieft, die Messungen an ihrem Herzen vornahm, das da drüben ganz allein schlug, völlig von ihr getrennt, entblößt und von ihm kontrolliert.

Ed machte die Drähte los, und sie schlüpfte wieder in ihre Kleider, ganz neutral, als wäre er ein richtiger Doktor. Trotzdem war dieser Vorgang, dieser ganze Raum, auf eine Weise sexuell, die sie nicht ganz verstand; aber es war eindeutig ein gefährlicher Ort. Er war wie ein Massagesalon, nur für Frauen. Wenn man Ed dort mit einem Trupp Frauen hineinsteckte, würden sie nie wieder rauskommen wollen. Sie würden da drin bleiben wollen, während er mit seiner Sonde über ihre nackte Haut strich und ihnen die Fehler an ihren schlagenden Herzen zeigte.

»Vielen Dank«, sagte Sally.

Sally hört, wie die Tür zum Garten auf- und zugeht. Sie spürt, dass Ed sich ihr nähert, durch die Gänge des Hauses auf sie zukommt, wie ein leichter Wind oder eine Kugel statischer Elektrizität. Die Haare an ihren Armen stellen sich auf. Manchmal macht er sie so glücklich, dass sie das Gefühl hat, gleich zerspringen zu müssen; und dann wieder hat sie das Gefühl, ohnehin gleich zu zerspringen.

Er kommt in die Küche, und sie tut so, als würde sie es nicht merken. Er legt von hinten die Arme um sie, küsst sie auf den Nacken. Sie lehnt sich zurück, presst sich in ihn hinein. Eigentlich sollten sie jetzt ins Schlafzimmer gehen (oder auch nur ins Wohnzimmer oder den Hobbyraum), um sich zu lieben, aber es würde Ed nie einfallen, sie mitten am Tag zu lieben. In Zeitschriften stößt Sally häufig auf Artikel darüber, wie man sein Sexleben verbessern soll, und dann fühlt sie sich jedes Mal enttäuscht oder wehmütig: Ed ist nicht Sallys erster und einziger Mann. Aber sie weiß, dass sie von Ed nicht allzu viel erwarten darf. Wenn Ed mehr Lust an Experimenten zeigte, mehr Interesse an Abwechslung, dann wäre er insgesamt ein völlig anderer Mann: durchtriebener, unaufrichtiger, wachsamer, schwieriger im Umgang.

Ehrlich gesagt, macht Ed immer auf die gleiche Weise Liebe mit ihr, jede Bewegung folgt der anderen in einer genau festgelegten Reihenfolge. Aber es scheint ihn zu befriedigen. Natürlich befriedigt es ihn: Man sieht es den Männern an, wenn sie befriedigt sind. Sally ist es, die hinterher wachliegt und die Bilder verfolgt, die vor ihren geschlossenen Augen ablaufen.

Sally rückt ein Stück von Ed weg, lächelt ihn an: »Und wie bist du heute mit den Frauen zurechtgekommen?«, sagt sie.

»Mit welchen Frauen?«, sagt Ed abwesend und geht zum Spülbecken. Er weiß genau, welche Frauen.

»Die da draußen, die sich hinter der Forsythie verstecken«, sagt Sally. »Ich habe mindestens zehn gezählt. Sie haben nur auf eine Chance gewartet.«

Sie neckt ihn häufig wegen dieser Frauentrupps, die ihm überallhin folgen und die für Ed unsichtbar sind, die sie aber so deutlich sieht wie den hellen Tag.

»Ich wette, die hängen draußen vor der Klinik herum«, sagt sie immer, »und warten nur darauf, dass du rauskommst. Ich wette, die verstecken sich in den Wäscheschränken und überfallen dich von hinten, und dann tun sie so, als hätten sie sich verlaufen, damit du ihnen den Weg zeigst. Das macht der weiße Kittel. Diese Frauen können einfach keinem weißen Kittel widerstehen. Die wurden durchs Fernsehen und den jungen ›Doktor Kildare‹ konditioniert.«

»Sei nicht albern«, sagt Ed heute ungerührt. Wird er rot, ist er verlegen? Sally betrachtet prüfend sein Gesicht, so wie ein Geologe eine Luftaufnahme untersuchen würde, um nach verräterischen Zeichen für Mineralien zu suchen: Markierungen, Erhöhungen, Vertiefungen. Alles an Ed hat etwas zu bedeuten, auch wenn sich manchmal schwer sagen lässt, was es eigentlich ist.

Jetzt wäscht er sich im Spülbecken die Hände, um die Erde zu entfernen. Gleich wird er sie sich am Geschirrtuch abwischen, statt das Küchenhandtuch zu benutzen, wie er es eigentlich tun sollte. Drückt der ihr zugewendete Rücken Zufriedenheit aus? Vielleicht existieren sie wirklich, diese Frauenhorden, auch wenn sie sie sich nur ausgedacht hat. Vielleicht benehmen sie sich wirklich so. Seine Schultern sind ein wenig hochgezogen: Will er sie ausschließen?

»Ich weiß, was die wollen«, fährt sie fort. »Die wollen in dieses kleine dunkle Zimmer von dir, auf deinen Tisch. Die finden dich wunderbar. Die werden dich verschlingen. Sie werden dich in kleine Stücke reißen. Bis nichts mehr von dir übrig ist, nur ein Stethoskop und ein Paar Schnürsenkel.«

Früher hätte Ed darüber gelacht, aber heute tut er es nicht. Vielleicht hat sie das oder etwas Ähnliches ein paarmal zu oft gesagt. Aber er lächelt, wischt sich die Hände am Geschirrtuch ab, wirft einen Blick in den Kühlschrank. Er angelt sich gern kleine Häppchen.

»Da ist noch ein Stückchen kaltes Roastbeef«, sagt Sally. Er ist ihr ein Rätsel.

Sally nimmt die Sauce vom Herd und stellt sie für später auf die Seite: Sie wird die letzten nötigen Schritte direkt vor dem Servieren vornehmen. Es ist erst halb drei. Ed ist im Keller verschwunden, wo er, wie Sally weiß, für eine Weile sicher aufgehoben ist. Sie geht in ihr Arbeitszimmer, das früher einmal eins der Kinderzimmer war, und setzt sich an ihren Schreibtisch. Das Zimmer ist nie völlig renoviert worden: Es enthält immer noch ein Bett und einen Frisiertisch, gesäumt von jenem blau geblümten Volant, den Sally mit ausgesucht hat, lange bevor die Kinder auf die Universität gegangen, sozusagen »ausgeflogen sind«, wie Ed es nennt.

Sally enthält sich eines Kommentars zu diesem Ausdruck, obwohl sie gern sagen würde, dass sie nicht zum ersten Mal ausgeflogen sind. Ihr Haus ist nicht einmal das eigentliche Nest, da keines der Kinder von ihr ist. Sie hatte auf ein eigenes Baby gehofft, als sie Ed heiratete, aber sie wollte es nicht erzwingen. Ed hatte nichts gegen die Idee gehabt, nicht direkt, aber er verhielt sich neutral, und Sally gewann den Eindruck, dass er schon genug Kinder hatte. Und auf jeden Fall hatten die beiden anderen Frauen welche bekommen; und was war aus ihnen geworden? Da Sally über ihr wirkliches Schicksal nur vage informiert war, stellt sie sich alle möglichen Dinge vor. Von Drogensucht bis zum Wahnsinn. Wie immer es auch gewesen sein mochte, am Ende lief es darauf hinaus, dass Sally ihre Kinder allein aufziehen musste, zumindest von der Pubertät an. Die erste Frau stellte es jedenfalls so hin, dass jetzt Ed an der Reihe war. Die zweite war ein wenig hinterhältiger. Sie sagte, das Kind wolle etwas Zeit mit seinem Vater verbringen. Sally kam in beiden Gleichungen nicht vor, als würde sie gar nicht mit in diesem Haus wohnen, nicht wirklich, so dass man von ihr auch keinerlei Meinung erwarten konnte.

Alles in allem hatte sie nicht schlecht abgeschnitten. Sie mag die Kinder und sucht ihnen eine Freundin zu sein, da sie schwerlich Anspruch darauf erheben kann, ihnen eine Mutter zu sein. Sie beschreibt ihr Verhältnis zu den beiden als unkompliziert. Die Kinder bekommen von Ed nicht viel zu sehen, aber er ist es, dessen Zustimmung sie wollen, nicht Sallys; er ist es, vor dem sie Respekt haben. Sally ist mehr so etwas wie eine Verbündete, die ihnen dabei hilft, von Ed zu erhalten, was sie wollen.

Als die Kinder noch jünger waren, hat Sally immer mit ihnen Monopoly gespielt, oben im Sommerhaus in Muskoka, das Ed damals gehörte, das er jedoch inzwischen verkauft hat. Ed hat auch mitgespielt, in den Ferien und an den Wochenenden, wenn er es schaffte, raufzukommen. Diese Spiele verliefen immer nach dem gleichen Muster. Anfangs hatte Sally immer Glück und kaufte alles, was sie kriegen konnte. Sie kümmerte sich nicht weiter darum, ob es Klassegrundstücke waren, wie Boardwalk oder Park Place, oder die schäbigen kleinen Häuser auf der anderen Seite der Gleise; sie kaufte sogar Bahnhöfe, die die Kinder stehenließen, weil sie ihre Bargeldreserven lieber für bessere Investitionen aufhoben. Ed dagegen zog weiter, nahm sich ein bisschen von hier, ein bisschen von dort. Dann, wenn Sally sich reich fühlte, verschleuderte sie ihr Geld für den fast sinnlosen Luxus eines Elektrizitätswerks zum Beispiel; und wenn die Kinder zu verlieren anfingen, was sie unweigerlich taten, lieh ihnen Sally zu niedrigen Zinsen Geld oder verkaufte ihnen mit Verlust ihre Eigentümer. Warum nicht? Sie konnte es sich leisten.

Inzwischen sicherte sich Ed gegen Verluste ab, bildete ganze Grundstücksblöcke, stellte Häuser und Hotels darauf. Er bevorzugte den mittleren Bereich, respektable Straßen, aber nicht zu viel Glitzer. Sally landete auf seinen Plätzen und musste dafür Bares locker machen. Ed bot nie irgendeinen Handel an und akzeptierte auch nie einen. Er spielte für sich allein und gewann häufiger, als er verlor. Sally hatte dann immer das Gefühl, reingelegt worden zu sein. Sie sagte dann immer, ihr fehle anscheinend der Killerinstinkt; oder sie sagte, es mache ihr nichts, es sei ja schließlich nur ein Spiel, aber ab und zu könne er sie ruhig auch mal gewinnen lassen. Ed verstand nicht, wieso man andere Leute gewinnen lassen sollte. Er sagte, es wäre für die Kinder doch demütigend, und außerdem könne man ein Würfelspiel nicht einfach manipulieren, wie es einem passt, weil es doch schließlich zum Teil vom Zufall abhänge. Wenn es Zufall war, fragte sich Sally, warum glichen die Spiele sich dann so sehr? Am Ende war es immer Ed, der seine Scheine zählte, in Häufchen verschiedener Noten auslegte, und Sally, deren großer Besitz zu ein paar schäbigen Häuserblocks in der Baltic Avenue zusammengeschrumpft war und die sich dazu verurteilt sah, vorzeitig aufzugeben: extravagant, spendabel, bankrott.

An diesen Abenden trank Sally, wenn die Kinder zu Bett gegangen waren, zwei oder drei Gläser Whisky mit Ginger mehr, als ihr guttat. Ed ging früh zu Bett – der Sieg hatte ihn zufrieden und schläfrig gemacht –, und Sally rumorte im Haus herum oder las die letzten Kapitel von Mordgeschichten, die sie schon mal gelesen hatte, und kroch schließlich ins Bett und weckte Ed auf und streichelte ihn, Trost suchend, bis er eine Erektion bekam.

Sally hat diese Spiele fast vergessen. Im Augenblick entfernen sich die Kinder, verblassen wie alte Tinte; Ed dagegen wird immer größer und größer, die Konturen um ihn herum werden immer dunkler. Er entwickelt sich ständig weiter, wie ein Polaroidbild, neue Farben treten zutage, aber das Ergebnis bleibt gleich: Ed ist eine Oberfläche, unter die sie nur mit Mühe gelangt.

»Erforsche deine Innenwelt«, hat Sallys Dozentin in *Formen der fiktiven Erzählung* geraten, eine Frau mittleren Alters von geringem Ruhm, die Astrologie betreibt und Tarotkarten legt und Kurzgeschichten schreibt, die in keinem der Magazine abgedruckt sind, die Sally liest. »Aber dann gibt es auch noch eine äußere«, sagte Sally hinterher zu ihren Freundinnen. »Zum Beispiel sollte sie mal wirklich was mit ihren Haaren unternehmen.« Diese banale und gemeine Bemerkung macht sie nur, weil sie genug hat von ihrer Innenwelt, sie braucht nichts zu erforschen. In ihrer Innenwelt ist Ed, wie eine Puppe in einer russischen Holzpuppe, und in Ed steckt Eds Innenwelt, an die sie einfach nicht herankommt.

Sie versucht es trotzdem: Eds Innenwelt ist ein Wald, der dem Boden ihrer Schlucht gleicht, aber ohne den Zaun. Er wandert darin herum, zwischen den Bäumen, in keine bestimmte Richtung. Ab und zu trifft er auf eine seltsam aussehende Pflanze, eine kranke Pflanze, von Unkraut und Dornenzweigen erstickt. Ed kniet sich hin, schafft ein wenig Platz um sie herum, putzt sie aus, schnippelt an ihr herum und schneidet sie mit geübter Hand zurück, stützt sie ab. Die Pflanze erholt sich wieder, strotzt vor Gesundheit, treibt zum Dank eine rote Blüte aus. Ed geht weiter. Oder vielleicht ist es auch ein verendendes Eichhörnchen, das er dank eines Tropfens aus seiner Flasche mit dem Zauberelixier wieder auf die Beine bringt. In regelmäßigen Abständen erscheint ein Engel und bringt ihm Essen. Es ist immer ein Fleischklops. Ed, der kaum wahrnimmt, was er isst, stört das nicht, aber der Engel ist es leid, ein Engel zu sein. Jetzt beginnt Sally, über den Engel nachzudenken: Warum sind seine Flügel an den Rändern ausgefranst und schmutzig trüb, warum sieht er so verwelkt und panisch aus? Das ist der Punkt, an dem Sallys sämtliche Versuche, Eds Innenwelt zu erforschen, enden.

Sie weiß, dass sie zu viel über Ed nachdenkt. Sie weiß, dass sie damit aufhören sollte. Sie weiß, dass sie nicht in diesem klagenden Tonfall, der ihre eigenen Zähne zum Knirschen bringt, fragen sollte: »Liebst du mich noch?« Damit erreicht sie nur, dass Ed den Kopf schüttelt, als würde er nicht begreifen, warum sie diese Frage stellt, und ihre Hand tätschelt. »Sally, Sally«, sagt er, und alles geht weiter wie üblich; außer dass die Angst alles durchdringt, die alltäglichsten Dinge, wie etwa die Umordnung der Stühle oder das Auswechseln von ausgebrannten Glühbirnen. Aber wovor hat sie denn eigentlich Angst? Sie hat, wie man so schön sagt, alles: Ed, das wunderbare Haus an einer Schlucht, das sie sich schon immer gewünscht hatte. (Aber der Hügel ist ein Dschungel und das Haus aus Eis. Es wird nur von Sally zusammengehalten, die in seiner Mitte sitzt und mit einem Rätsel beschäftigt ist. Das Rätsel ist Ed. Sollte sie es je lösen und den letzten kalten Splitter an seinen Platz bringen, wird das Haus schmelzen und den Hügel hinunterfließen, und dann ...) Es ist eine schlechte Angewohnheit, so mit ihren Gedanken zu spielen. Es bringt nichts. Sie weiß, dass es ihr weit besser gehen würde, wenn sie damit aufhörte. Eigentlich müsste sie es schaffen können: Sie hat das Rauchen aufgegeben.

Sie muss sich auf andere Dinge konzentrieren. Das ist der wahre Grund für die Abendkurse, die sie rein zufällig so belegt, dass sie mit den Abenden zusammenfallen, an denen Ed nicht zu Hause ist. Er hat Sitzungen, er ist im Vorstand von Wohltätigkeitsvereinen, er kann nicht absagen. Die Kurse ziehen an ihr vorbei: Geschichte des Mittelalters, Kochen, Anthropologie, und sie hofft ständig, dass sich ihre Gedanken an etwas festhalten, sie hat sogar einen Kursus in Geologie belegt, was faszinierend war, wie sie ihren Freundinnen erzählte, mit all dem Magma. So ist es eben: Alles ist faszinierend, aber nichts erreicht sie wirklich. Sie ist immer eine Musterschülerin, sie schneidet bei den Prüfungen gut ab und beeindruckt die Lehrer, wofür sie diese dann verachtet. Ihre Klugheit, ihre Techniken sind ihr allzu gut vertraut; sie wundert sich, dass andere Leute sich noch immer davon beeindrucken lassen.

Mit *Formen der fiktiven Erzählung* fing es genauso an. Sally hatte viele gute Ideen, sprudelte über vor hilfreichen Vorschlägen. Dieser Teil des Workshops glich ohnehin aufs Haar den Sitzungen eines Komitees, und wie man die führte, von hinten herum, ohne den Anschein zu erwecken, dass man sie leitete, wusste Sally: Das hatte sie schon oft in ihrer Arbeit getan. Bertha, die Dozentin, sagte Sally, sie verfüge über eine lebhafte Phantasie und eine Menge ungenutzter kreativer Energie. »Bertha. Kein Wunder, dass sie es zu nichts bringt, mit dem Namen«, sagte Sally, als sie hinterher mit zwei anderen Teilnehmerinnen vom Abendkursus Kaffee trinken ging. »Aber er passt zu ihrer Aufmachung.« (Bertha frönt dem Makramee-Look, mit Gesundheitssandalen, dicken Strickpullis und handgewebten Röcken, die ihrer eckigen Figur nicht gerade schmeicheln, und viel zu zahlreichen mexikanischen Ringen an den Händen, die sie ruhig öfter waschen könnte.) Bertha steht auf Übungen, sie nennt es Lernen durch Tun. Sally liebt Übungen: Sie mag Dinge, die fertiggestellt und dann abgelegt werden können und für die sie Punkte kriegt.

Das Erste, worin Bertha sie anwies, war das Epos. Sie lasen die *Odyssee* (ausgewählte Passagen in der Übersetzung, mit einer Zusammenfassung der restlichen Handlung); dann stocherten sie in James Joyces *Ulysses* herum, um festzustellen, wie Joyce die epische Form dem modernen Roman angepasst hatte. Bertha ließ sie ein Torontoer Notizbuch führen, in dem sie verschiedene Plätze in der Stadt zu Anlaufhäfen der Odyssee bestimmen und erklären sollten, warum sie sie gewählt hatten. Die Notizbücher wurden in der Klasse laut vorgelesen, und es war sehr amüsant, zu erfahren, wer was als Hades gewählt hatte (den Mount-Pleasant-Friedhof, McDonald's, von wo man, wenn man die verbotene Nahrung zu sich nahm, nie wieder ins Land der Lebenden zurückkehrte, den University Club mit den toten Seelen der Ahnen usw.). Sally wählte natürlich das Krankenhaus; sie hatte keine Schwierigkeiten mit dem blutgefüllten Graben, und die Geister steckte sie in Rollstühle.

Danach nahmen sie die Ballade durch und lasen schauerliche Berichte von Morden und verratener Liebe. Bertha spielte ihnen Bänder von schnaufenden alten Männern vor, die nach altertümlicher dorischer Tonart sangen, und wies sie an, ein Sammelbuch mit Zeitungsausschnitten zu führen, in das man genau entsprechende Beispiele einheften und einkleben musste. Die *Sun* war dafür die beste Zeitung. Wie sich herausstellte, war die Art von Geschichten, die für diese

Themen gewählt wurden, ganz nach Sallys Geschmack, und so fiel es ihr nicht schwer, sich eine fünf Seiten lange Mordgeschichte, mit Rache und allem, auszudenken.

Aber jetzt sind Volksmärchen und mündliche Überlieferungen an der Reihe, und Sally hat Probleme. Diesmal hat Bertha ihnen nichts zu lesen aufgegeben. Stattdessen hat sie ihnen etwas vorgelesen, mit einer Stimme, sagte Sally, die sich wie ein Laster mit einer Ladung Kies anhörte und Träumereien nicht zuließ. Da es sich um mündliche Erzählkunst handelte, durften sie sich nicht einmal Notizen machen; Bertha sagte, die ursprünglichen Zuhörer dieser Geschichten konnten nicht lesen, so dass sie die Geschichten im Gedächtnis behalten mussten. »Um die gleiche Atmosphäre herzustellen«, sagte Bertha, »müsste ich das Licht ausknipsen. Diese Geschichten wurden immer bei Nacht erzählt.« »Damit sie noch gruseliger wurden?«, fragte jemand. »Nein«, sagte Bertha. »Tagsüber haben die Leute gearbeitet.« Sie knipste das Licht nicht aus, aber sie bestand darauf, dass sie sich alle in einen Kreis setzten.

»Du hättest uns sehen sollen«, sagte Sally hinterher zu Ed, »wie wir alle im Kreis dasaßen und Märchen anhörten. Es war wie im Kindergarten. Manche saßen sogar mit offenen Mündern da. Ich habe nur darauf gewartet, dass sie zu uns sagte: ›Wer mal raus muss, hebt die Hand.‹« Sie wollte komisch sein, Ed mit diesem Bericht über Berthas exzentrisches Benehmen amüsieren, über das alberne Aussehen der Studenten, die größtenteils mittleren Alters waren, wie sie alle so im Kreis saßen, als wären sie nie erwachsen geworden.

Sie wollte außerdem den Kursus herunterspielen, jedenfalls ein bisschen. Das machte sie immer mit ihrem Abendunterricht, damit Ed nicht etwa auf den Gedanken kam, es gäbe in ihrem Leben etwas, das auch nur entfernt so wichtig war wie er. Aber bei Ed schien es gar nicht nötig zu sein, sich darüber lustig zu machen oder es herabzusetzen. Er nahm ihre Informationen ernst, wichtig, als handelte es sich bei Berthas Verhalten letztendlich auch nur um die Handlungsweise eines Spezialisten. Niemand wusste besser als er, dass die Methoden eines Fachmannes auf den Zuschauer oft wunderlich und unverständlich wirkten. »Sie wird schon ihre Gründe haben«, war alles, was er sagte.

Die ersten Geschichten, die Bertha ihnen zum Aufwärmen vorlas (»*sie* muss nicht auswendig lernen«, beschwerte sich Sally), handelten von Prinzen, die ihr Gedächtnis verloren und ihre wahre Liebe vergaßen und Mädchen heirateten, die ihre Mutter für sie ausgesucht hatte. Anschließend mussten sie, mit Hilfe eines Zaubers, gerettet werden. Die Geschichten sagten nichts darüber, was den Frauen widerfuhr, mit denen die Prinzen bereits verheiratet waren, doch es beschäftigte Sally. Dann las ihnen Bertha noch eine andere Geschichte vor, und diesmal sollten sie die charakteristischsten Merkmale im Kopf behalten und eine fünf Seiten lange Fassung anfertigen, die in der Gegenwart spielte und in eine realistische Form gebracht war. (»Mit anderen Worten«, sagte Bertha, »keine richtige Hexerei.«) Den auktorialen Erzähler durften sie allerdings nicht verwenden; das hatten sie bei der Ballade getan. Diesmal mussten sie einen Standpunkt wählen. Es konnte der Standpunkt von irgendjemandem oder irgendetwas sein, der oder das in der Geschichte eine Rolle spielte, aber es durfte nur einer sein. Die Geschichte, die sie ihnen gleich vorlesen würde, sagte Bertha, sei eine Variante des Blaubart-Motivs, weit älter als die sentimentale Neufassung von Perrault. Bei Perrault, sagte sie, muss das Mädchen von ihren Brüdern gerettet werden; aber in der alten Version lagen die Dinge ganz anders.

Soweit sich Sally erinnern kann, war es dies, was Bertha las:

Es waren einmal drei junge Schwestern. Eines Tages kam ein Bettler mit einem großen Korb auf dem Rücken an die Tür und bat um Brot. Die älteste Schwester brachte ihm ein Stückchen, aber kaum hatte sie ihn berührt, musste sie auch schon in seinen Korb springen, denn der Bettler war in Wirklichkeit ein verkleideter Zauberer. (»Von wegen United Appeal«, murmelte Sally. »Sie hätte lieber sagen sollen: ›Ich habe schon im Büro gespendet.‹«) Der Zauberer brachte sie in sein Haus im Wald, das groß und reich möbliert war. »Hier wirst du glücklich mit mir sein, mein Liebling«, sagte er, »denn du wirst alles haben, was dein Herz nur begehren kann.«

Das ging so ein paar Tage. Dann gab der Zauberer dem Mädchen ein Ei und einen Schlüsselbund. »Ich muss auf eine Reise gehen«, sagte er, »und lasse das Haus in deiner Obhut. Hebe dieses Ei für mich auf, und trage es immer bei dir; denn wenn es verlorengeht, geschieht ein großes Unglück. Die Schlüssel öffnen jedes Zimmer im Haus. Du darfst jedes betreten und dich an dem erfreuen, was du dort findest, aber gehe nicht in das kleine Zimmer oben im Haus, nicht um alles in der Welt.« Das Mädchen versprach es, und der Zauberer verschwand.

Zuerst begnügte sich das Mädchen damit, die Zimmer zu erforschen, in denen viele Schätze waren. Aber am Ende ließ ihr die Neugier keine Ruhe. Sie suchte den kleinsten Schlüssel heraus und schloss damit, klopfenden Herzens, die kleine Tür oben im Haus auf. Darin befand sich ein großes Becken voller Blut, in dem die Körper vieler Frauen lagen, alle in Stücke geschnitten. Gleich daneben stand ein Holzklotz mit einer Axt. Entsetzt ließ sie das Ei los, und es fiel in das Becken mit dem Blut. Vergeblich bemühte sie sich, den Fleck wegzuwischen: Jedes Mal, wenn es ihr gelungen war, ihn zu tilgen, kam er wieder zum Vorschein.

Der Zauberer kehrte zurück und erkundigte sich mit gestrenger Stimme nach dem Ei und den Schlüsseln. Als er das Ei sah, wusste er sofort, dass sie nicht auf ihn gehört hatte und in das verbotene Zimmer gegangen war. »Da du gegen meinen Willen in das Zimmer gegangen bist«, sagte er, »wirst du gegen deinen eigenen dorthin zurückkehren.« All ihrer flehentlichen Bitten zum Trotz warf er sie zu Boden, zerrte sie an den Haaren in das kleine Zimmer, zerhackte sie in kleine Stücke und warf sie zu den anderen in das Becken.

Dann ging er das zweite Mädchen holen, dem es nicht besser erging als seiner Schwester, aber die Dritte war schlau und gerissen. Sobald der Zauberer fort war, legte sie das Ei auf ein Brett, damit ihm nichts passieren konnte, und dann ging sie sogleich nach oben und öffnete die verbotene Tür. Man stelle sich ihren Kummer vor, als sie die zerhackten Körper ihrer beiden geliebten Schwestern erblickte; aber sie legte die Stücke zusammen, und sie vereinten sich, und ihre Schwestern standen auf und gingen herum und waren wieder lebendig und wohlauf. Die Mädchen umarmten sich, und die dritte Schwester versteckte die beiden anderen in einem Schrank.

Als der Zauberer zurückkam, fragte er sofort nach dem Ei. Diesmal war es völlig unbefleckt. »Du hast die Prüfung bestanden«, sagte er zu der dritten Schwester. »Du wirst meine Frau.« (»Und der zweite Preis«, sagte Sally, diesmal zu sich selbst, »sind *zwei* Wochen Niagara-Fälle.«) Der Zauberer besaß keine Macht mehr über sie und musste tun, was sie ihm sagte. Die Geschichte ging noch weiter: Wie der Zauberer den Wiederauferstandenen begegnete und bei lebendigem Leibe verbrannt wurde. Aber Sally wusste bereits, welche Merkmale für sie besonders hervorstachen.

Zuerst glaubte sie, das Wichtigste an der Geschichte sei das verbotene Zimmer. Was würde sie in ihrer heutigen Version in das verbotene Zimmer stecken? Ganz bestimmt keine zerstückelten Frauen. Nicht dass sie zu unrealistisch gewesen wären, aber sie waren bestimmt zu eklig, und auch zu überdeutlich. Sie wollte etwas Klügeres tun. Vielleicht wäre es keine schlechte Idee, wenn die neugierige Frau die Tür aufmachte und überhaupt nichts vorfände, aber nachdem Sally darüber nachgedacht hatte, verwarf sie diesen Gedanken wieder. Dann stünde sie vor dem Problem, wozu der Zauberer überhaupt ein verbotenes Zimmer besaß, in dem er gar nichts verbarg.

Das waren ihre Gedanken, gleich nachdem ihnen die Aufgabe gestellt worden war, schon vor zwei Wochen. Bis jetzt hat sie noch nichts geschrieben. Die Versuchung ist groß, sich selbst die Rolle der klugen Heldin zu geben, aber auch das wäre wieder leicht durchschaubar. Und Ed ist ganz bestimmt nicht der Zauberer; dazu ist er nicht böse genug. Wäre Ed der Zauberer, dann befänden sich in dem Zimmer ein Wald, ein paar kranke Pflanzen und schwache Eichhörnchen, und Ed selbst, der sie wieder auf die Beine bringt; aber wenn es Ed wäre, dann wäre das Zimmer nicht einmal zugesperrt, und dann gäbe es auch keine Geschichte.

Jetzt, während sie an ihrem Schreibtisch sitzt und mit ihrem Filzstift spielt, geht Sally auf, dass das Verwirrendste an der Geschichte, auf das sie sich konzentrieren sollte, das Ei ist. Warum ein Ei? Aus dem Abendkurs über vergleichende Folklore, den sie vor zwei Jahren belegt hatte, weiß sie noch, dass das Ei ein Fruchtbarkeitssymbol sein kann oder ein Gegenstand, der bei afrikanischen Zaubersprüchen gebraucht wird, oder etwas, aus dem die Welt ausgeschlüpft ist. Vielleicht verkörpert es in dieser Geschichte ein Symbol der Jungfräulichkeit, und vielleicht ist das der Grund, warum der Zauberer es unbefleckt haben will. Frauen mit schmutzigen Eiern werden umgebracht, solche mit sauberen werden geheiratet.

Aber das hilft auch nicht viel. Das Konzept ist so veraltet. Sally weiß nicht, wie sie es ins richtige Leben übertragen soll, ohne es lächerlich zu machen, außer sie lässt die Geschichte zum Beispiel in einer portugiesischen Emigrantenfamilie spielen, und was weiß sie denn schon darüber?

Sally zieht die Schublade ihres Schreibtischs auf und sucht darin nach einer Nagelfeile. Während sie dies tut, hat sie die brillante Idee, die Geschichte aus der Sicht des Eis zu schreiben. Andere werden die andern Dinge nehmen: das kluge Mädchen, den Zauberer, die beiden stümperhaften Schwestern, die zu dumm zum Lügen waren und die wegen der dünnen roten Linien, die ihre Körper überziehen, dort, wo die Teile wieder zusammengesetzt wurden, später Probleme haben werden. Aber niemand wird an das Ei denken. Was ist es für ein Gefühl, die unschuldige und passive Ursache von so viel Unglück zu sein?

(Ed ist nicht der Ritter Blaubart: Ed ist das Ei. Ed Ei, blank und unverdorben und schön. Und auch dumm. Wahrscheinlich gekocht. Sally lächelt liebevoll.)

Aber wie kann es eine Geschichte aus der Sicht des Eis geben, wenn das Ei so verschlossen und ahnungslos ist? Darüber denkt Sally nach und malt Muster auf ihrem Schreibblock mit liniertem Papier. Dann setzt sie die Suche nach ihrer Nagelfeile fort. Es wird Zeit, sich für ihre Dinnerparty fertig zu machen. Sie kann die Frage des Eis überschlafen und die Arbeit morgen beenden, am Sonntag. Montag muss sie fertig sein, aber Sallys Mutter sagte immer, dass sie toll darin sei, die Dinge in letzter Minute fertig zu kriegen.

Nachdem sie ihre Nägel mit *Nuit Magique* angemalt hat, nimmt Sally ein Bad, isst ihren üblichen getoasteten English

Muffin, während sie in der Wanne liegt. Sie beginnt sich anzukleiden, trödelt herum; sie hat viel Zeit. Sie hört Ed aus dem Keller kommen; dann hört sie ihn im Badezimmer, das er vom Flur aus betreten hat. Sally geht durch die andere Tür hinein, noch immer in ihrem Unterrock. Ed steht am Waschbecken, hat das Hemd ausgezogen, rasiert sich. An den Wochenenden wartet er so lange, wie es nur irgend geht, oder bis Sally sagt, dass es kratzt.

Sally legt die Hände um seine Taille, schmiegt sich an seinen nackten Rücken. Seine Haut ist sehr weich für einen Mann. Sally lächelt: Sie kann einfach nicht aufhören, ihn als Ei zu betrachten.

»Mmm«, sagt Ed. Es könnte der Ausdruck von Dankbarkeit sein oder die Antwort auf eine Frage, die Sally nicht gestellt und die er nicht gehört hat, oder einfach nur die Bestätigung dafür, dass sie da ist.

»Möchtest du eigentlich nie wissen, was ich denke?«, fragt Sally. Das hat sie schon mehr als einmal gefragt, im Bett oder am Esstisch, nach dem Dessert. Sie steht hinter ihm, betrachtet die Streifen, die der Rasierer in sein weißes Gesicht schneidet, schaut auf ihr eigenes Gesicht, das der Spiegel reflektiert, über seiner nackten Schulter sind davon nur die Augen zu sehen. Ed ist eingeseift, ein Assyrer, strenger als sonst; oder ein eisbedeckter arktischer Forscher; oder ein halber Mensch, ein weißbärtiger Waldmutant. Er schabt an sich herum, zerstört methodisch die Illusion.

»Aber ich weiß doch schon, was du denkst«, sagt Ed.

»Woher denn?«, fragt Sally erstaunt.

»Du sagst es mir doch immer«, erwidert Ed mit Resignation oder Traurigkeit in der Stimme; aber vielleicht ist es auch nur eine einfache Feststellung.

Sally ist erleichtert. Wenn das alles ist, was ihn bedrückt, kann sie sich sicher fühlen.

Marylynn trifft eine halbe Stunde zu früh ein, ihr perlfarbener Porsche dirigiert zwei Männer in einem Lieferwagen die Einfahrt herauf. Die Männer stellen unter Marylynns Aufsicht den Sekretär auf: Er wirkt in dem Alkoven genau so, wie Marylynn versprochen hatte, und Sally ist entzückt. Sie setzt sich davor, um den Scheck auszufüllen. Dann geht sie mit Marylynn in die Küche, um die Sauce fertig zu machen, und gießt für sie beide einen Kir ein. Sie ist froh, dass Marylynn hier ist: So kriegt sie vielleicht nicht das Zittern, wie sonst immer, wenn sie Gäste hat. Obwohl nur die Herzmänner kommen, ist sie immer noch ein bisschen nervös. Ed merkt eher, wenn irgendwas nicht stimmt, als wenn alles genau richtig ist.

Marylynn sitzt am Küchentisch, sie hat einen Arm über die Stuhllehne gelegt, mit der anderen Hand stützt sie ihr Kinn; ihre Kleider sind in einem weichen Grauton gehalten, wodurch ihr Haar silbern aussieht, und wieder spürt Sally, wie banal es ist, gewöhnliches dunkles Haar wie sie selbst zu haben, auch wenn es einen noch so guten Schnitt hat, auch wenn es wunderbar glänzt. Es ist das Selbstvertrauen, um das sie die Freundin beneidet, die Lässigkeit. Marylynn scheint sich überhaupt nicht anzustrengen, niemals.

»Rate mal, was Ed heute gesagt hat?«, fragt Sally.

Marylynn beugt sich ein Stückchen weiter vor. »Was denn?«, erkundigt sie sich begierig, wie jemand, der an einem vertrauten Spiel teilnimmt.

»Er sagte: ›Einige dieser Femininistinnen gehen zu weit‹«, berichtet Sally. »*›Femininistinnen.‹* Ist das nicht süß?«

Marylynn erwidert lange nichts, und Sally hat plötzlich einen schrecklichen Gedanken: Vielleicht glaubt Marylynn, dass sie mit Ed bloß angeben will. Marylynn behauptet immer, dass sie noch nicht bereit ist, eine neue Ehe einzugehen; dennoch, Sally sollte aufpassen, sie nicht mit der Nase drauf zu stoßen. Aber dann lacht Marylynn nachsichtig, und Sally stimmt erleichtert mit ein.

»Ed ist unglaublich«, sagt Marylynn. »Du solltest seine Fäustlinge an den Ärmeln befestigen, wenn er morgens aus dem Haus geht.«

»Man sollte ihn nicht allein auf die Straße lassen«, sagt Sally.

»Du solltest ihm einen Blindenhund besorgen«, sagt Marylynn, »der die Frauen anbellt.«

»Warum?«, sagt Sally, noch immer lachend, aber jetzt hellwach, von ihren Fingerspitzen breitet sich Kälte aus. Vielleicht weiß Marylynn etwas, das sie nicht weiß; vielleicht beginnt das Haus am Ende doch zu zerbröckeln.

»Weil er sie nicht kommen sieht«, sagt Marylynn. »Das erzählst du mir doch immer.«

Sie nippt an ihrem Kir; Sally rührt in der Sauce. »Ich wette, er hält mich für eine Femininistin«, sagt Marylynn.

»Dich?«, sagt Sally. »Niemals.« Sie würde gern noch hinzufügen, dass Ed durch keinerlei Anzeichen verraten hat, überhaupt etwas von Marylynn zu denken, aber sie tut es nicht. Sie will es nicht riskieren, ihre Gefühle zu verletzen.

Die Frauen der Herzmänner bewundern Sallys Sauce; die Herzmänner sind beim Fachsimpeln, alle außer Walter Morly, der gern seine eigenen Wege geht. Er sitzt neben Marylynn und kümmert sich, wie Sally mit leichtem Unbehagen feststellt, ein bisschen zu viel um sie. Mrs Morly sitzt am anderen Tischende und sagt kaum ein Wort, was Marylynn aber nicht zu bemerken scheint. Sie redet mit Walter von St. Lucia, wo sie beide schon waren.

Und so hält Sally Marylynn nach dem Essen, nachdem sie alle zu Kaffee und Getränken ins Wohnzimmer gescheucht hat, am Ellbogen fest. »Ed hat unseren Sekretär noch gar nicht gesehen«, sagt sie, »nicht aus der Nähe. Nimm ihn dir mal beiseite und halte ihm deinen Vortrag über die Antiquitäten des 19. Jahrhunderts. Zeig ihm die vielen Schubfächer. Ed liebt Schubfächer.« Ed scheint es nicht zu merken.

Marylynn errät Sallys Absichten. »Mach dir keine Sorgen«, sagt sie, »ich werde Dr. Morly schon nicht vergewaltigen; der arme Kerl würde den Schock nicht überleben«, aber sie lässt sich zusammen mit Ed zur Seite schieben.

Sally geht von einem Gast zum anderen, lächelt, vergewissert sich, dass alles in Ordnung ist. Obwohl sie nie direkt hinsieht, ist sie sich immer der Gegenwart Eds im Zimmer bewusst, in jedem Zimmer; sie nimmt ihn als Schatten wahr, als eine Gestalt, die sie verschwommen am Rand ihres Gesichtsfelds sieht, erkennbar an den Konturen. Sie weiß immer gern, wo er ist, das ist alles. Einige Leute sind bei ihrer zweiten Tasse Kaffee. Sie geht zu dem Alkoven: Sie mussten inzwischen mit dem Sekretär fertig sein.

Aber das sind sie nicht. Sie sind noch immer dort. Marylynn beugt sich nach vorn, die eine Hand auf dem Furnier. Ed steht viel zu dicht neben ihr, und als sich Sally von hinten nähert, sieht sie seinen linken Arm dicht an seiner Seite, und die Rückseite ist an Marylynn gepresst, an ihren schimmernden Oberschenkel, an ihren Arsch, um genau zu sein. Marylynn rückt nicht ab von ihm.

Es ist nur der Bruchteil einer Sekunde, und dann sieht Ed Sally, und die Hand ist verschwunden; da ist sie, auf der Schreibplatte, greift nach einem Likörglas.

»Marylynn braucht noch etwas Tia Maria«, sagt er. »Ich habe ihr gerade gesagt, dass die Menschen, die sich hin und wieder ein Schlückchen genehmigen, länger leben.« Seine Stimme ist ruhig, sein Gesicht so offen wie immer, ein flaches Land ohne Wegweiser.

Marylynn lacht. »Ich hatte mal einen Zahnarzt, ich schwöre, der hat winzige Löcher in meine Zähne gebohrt, damit er sie später reparieren konnte«, sagt sie.

Sally sieht Eds Hand, die sich ihr entgegenstreckt, mit dem leeren Glas. Sie nimmt es, lächelt und dreht sich um. In ihrem Hinterkopf ist ein Dröhnen; die Ränder des Bildes, das sie sieht, werden schwarz, wie bei einem Fernsehschirm, der erlischt. Sie geht in die Küche und legt ihre Wange an den Kühlschrank und schlingt die Arme um ihn, so weit sie reichen. So bleibt sie, drückt ihn an sich; er gibt ein gleichbleibendes Summen von sich, in einem tröstlichen Ton. Nach einer Weile lässt sie ihn los, berührt ihr Haar und geht mit dem gefüllten Glas zurück ins Wohnzimmer.

Marylynn ist drüben bei der Terrassentür und redet mit Walter Morly. Ed steht allein vor dem Kamin; einen Arm auf dem Sims, die linke Hand verborgen in seiner Hosentasche.

Sally geht zu Marylynn, reicht ihr das Glas. »Ist das genug?«, sagt sie.

Marylynn ist unverändert. »Danke, Sally«, sagt sie und hört wieder Walter zu, der sein übliches Paradestück hervorgeholt hat: Eines Tages, wenn sie es vervollkommnet haben, sagt er, werden alle Herzen aus Plastik sein, und es wird eine enorme Verbesserung des gegenwärtigen Modells sein. Das ist eine unklare Form des Flirtens. Marylynn zwinkert Sally zu, um ihr zu zeigen, dass sie weiß, wie langweilig er ist. Nach einer Weile zwinkert Sally zurück.

Sie sieht hinüber zu Ed, der leer vor sich hin starrt, wie ein Roboter, der abgestellt und ausgeschaltet wurde. Sie ist sich jetzt nicht mehr so sicher, ob sie wirklich gesehen hat, was sie zu sehen glaubte. Selbst wenn sie es gesehen hätte, was hätte es zu bedeuten? Vielleicht hat Ed seine Hand nur in einem launischen betrunkenen Augenblick auf den nächstbesten Hintern gelegt, und Marylynn hat es aufgrund ihrer guten Manieren oder weil sie ihn nicht beleidigen wollte, unterlassen, aufzuschreien oder zusammenzuzucken. Diese Dinge hat Sally schon öfter erlebt.

Oder aber es könnte etwas Bedrohlicheres bedeuten: eine Vertrautheit zwischen ihnen, ein Einverständnis. Wenn das so wäre, hat sich Sally, was Ed angeht, getäuscht, jahrelang, seit ewig. Ihr Bild von Ed ist nicht etwas, was sie erkannt hat, sondern etwas, was ihr von ihm aufgezwungen wurde, von Ed selbst, und aus Gründen, die nur ihm bekannt sind. Vielleicht ist Ed gar nicht dumm. Vielleicht ist er ungeheuer klug. Sie ruft sich einen Augenblick nach dem anderen ins Gedächtnis, in denen sich seine Schläue, seine Verschlagenheit hätten zeigen müssen, falls sie existierten, ohne es je zu tun. Sie hat ihn genau beobachtet. Sie erinnert sich daran, wie sie mit den Kindern, Eds Kindern, vor Jahren Mikado gespielt hat: Wie sich, sobald man ein Stäbchen in dem Haufen bewegte, wenn auch nur ganz leicht, alle anderen mitbewegten.

Sie wird nichts zu ihm sagen. Sie kann nichts sagen: Sie kann es sich nicht leisten, Unrecht zu haben, und auch nicht, Recht zu haben. Sie kehrt in die Küche zurück und fängt an, die Reste von den Tellern zu kratzen. Das sieht ihr gar nicht ähnlich – gewöhnlich bleibt sie bei ihren Partygästen, bis alles vorbei ist –, und nach einer Weile kommt Ed herausgeschlendert. Er steht schweigend da, sieht ihr zu. Sally konzentriert sich auf die Teller: Häufchen aus *sauce suprême* gleiten in den Plastikbeutel, Salatfetzen, Reis, erstarrt und klumpig. Was von ihrem Nachmittag übrig geblieben ist.

»Was tust du hier draußen?«, fragt Ed schließlich.

»Die Teller abkratzen«, sagt Sally heiter, gleichmütig. »Ich dachte mir, ich fange schon mal mit dem Aufräumen an.«

»Lass es«, sagt Ed. »Das kann die Frau morgen früh machen.« So redet er immer von Mrs Rudge, obwohl sie nun schon drei Jahre bei ihnen ist: Er sagt *die Frau.* Genauso Mrs Bird, die Zugehfrau vor ihr, als wären sie beide austauschbar. Bis jetzt hat es Sally nicht gestört. »Geh wieder rein und amüsier dich.«

Sally legt den Pfannenwender hin, wischt sich die Hände am Handtuch ab, schlingt die Arme um ihn, hält ihn fester, als sie sollte. Ed klopft ihr auf die Schulter. »Was ist?«, sagt er, dann: »Sally, Sally.« Wenn sie aufblickte, würde sie sehen, wie er leicht den Kopf schüttelt, als wüsste er nicht, was er mit ihr anfangen soll. Sie blickt nicht auf.

Ed ist zu Bett gegangen. Sally wandert durchs Haus, macht sich nervös an den Trümmern zu schaffen, die von der Party übrig geblieben sind. Sie sammelt leere Gläser ein, hebt Erdnüsse vom Teppich auf. Nach einer Weile merkt sie, dass sie am Boden kniet, unter einen Sessel blickt und vergessen hat, warum. Sie geht die Treppe hinauf, schminkt ihr Gesicht ab, putzt sich die Zähne, zieht sich in dem dunklen Schlafzimmer aus und schlüpft neben Ed, der tief atmet, als ob er schliefe, ins Bett. *Als ob.*

Sally liegt im Bett und hat die Augen zu. Sie sieht ihr eigenes Herz, in Schwarz-Weiß, mit diesem unwirklichen mottenartigen Flattern, ein gespenstisches Herz, aus ihrer Brust gerissen und frei im Raum schwebend, ein lebendiger Valentinsgruß ohne jegliche Farbe. Es wird immer und ewig so weiterschlagen, das alles liegt außerhalb ihrer Macht. Aber jetzt sieht sie das Ei, das nicht klein und kalt und weiß und träge ist, sondern größer als ein richtiges Ei und von goldbehauchter rosa Farbe und sanft glühend in einem Nest aus Dornenzweigen liegt, als enthielte es irgendetwas Rotes und Heißes. Es pulsiert fast, und Sally fürchtet sich vor ihm. Während sie hinsieht, wird es dunkler: rosenrot, blutrot. Das hat das Märchen ausgelassen, denkt Sally: Das Ei ist lebendig, und eines Tages wird etwas herausschlüpfen. Aber was wird das sein?

Aus dem Englischen von Charlotte Franke

Clarice Lispector

Fünf Erzählungen und ein Thema

26. Juli 1969

Diese Geschichte könnte *Die Statuen* heißen. Ein anderer möglicher Titel ist *Der Mord*. Und auch *Wie man Kakerlaken umbringt*. Da werde ich also mindestens drei Geschichten erzählen, allesamt wahr, denn keine widerspricht der anderen. Auch wenn es eine einzige ist, es wären tausendundeine, gewährte man mir tausendundeine Nacht.

Die erste, *Wie man Kakerlaken umbringt*, beginnt so: Ich habe mich über Kakerlaken beklagt. Eine ältere Dame hörte meine Klage. Und sie gab mir ein Rezept, wie man Kakerlaken am besten umbringt. Ich solle zu gleichen Teilen Zucker, Mehl und Gips vermischen. Das Mehl und der Zucker würden sie anlocken, der Gips sie von innen aushärten. So machte ich es. Sie starben.

Die zweite Geschichte ist keine andere als die erste und heißt *Der Mord*. Sie beginnt so: Ich habe mich über Kakerlaken beklagt. Eine ältere Dame hörte meine Klage. Es folgt das Rezept. Und dann der Mord. Tatsächlich habe ich mich nur ganz allgemein über Kakerlaken beklagt, und die waren noch nicht einmal von mir: Sie kamen aus dem Erdgeschoss und krochen immer die Rohrleitungen hoch, bis in unser Heim. Erst als ich die Mischung vorbereitete, wurden sie auch mir zugehörig. In unserem Namen begann ich also, Zutaten abzumessen und zu wiegen, in etwas stärkerer Dosierung. Ein vager Groll hatte mich erfasst, das Gefühl einer Kränkung. Tagsüber waren die Kakerlaken unsichtbar, und niemand hätte für möglich gehalten, dass dieses geheime Übel ein so ruhiges Haus zersetzt. Doch während sie tagsüber schliefen, wie geheime Übel das tun, war ich damit beschäftigt, ihnen das nächtliche Gift zu bereiten. Gründlich und glühend mischte ich das Elixier für den langen Tod. Eine erregte Angst und mein eigenes geheimes Übel trieben mich an. Jetzt war in mir ein einziger eisiger Wunsch: jede Kakerlake umzubringen, die es gibt. Kakerlaken kriechen die Rohre empor, während wir müde daliegen und träumen. Und siehe da, die Mischung war fertig, so weiß. Da sie für Kakerlaken bestimmt war, die ebenso schlau sind wie ich, verteilte ich das Pulver geschickt, bis es mehr wie ein Teil der natürlichen Umgebung wirkte. Von meinem Bett aus, in der Stille der Wohnung, malte ich mir aus, wie sie eine nach der anderen bis in die Waschküche krochen, wo die Dunkelheit schlief, nur ein wachsames Handtuch an der Leine. Stunden später schreckte ich hoch. Hatte ich verschlafen? Es war schon früh am Morgen. Ich ging durch die Küche. Auf dem Boden der Waschküche lagen sie, hart und groß. Nachtsüber hatte ich getötet. In unserem Namen, Tagesanbruch. Auf dem Hügel krähte ein Hahn.

Die dritte Geschichte, die jetzt anfängt, ist die von den *Statuen*. Sie beginnt damit, dass ich mich über Kakerlaken beklagt habe. Dann kommt wieder die ältere Dame und so weiter bis zu dem Punkt, an dem ich frühmorgens aufwache und noch schlaftrunken durch die Küche gehe. Schläfriger als ich ist die Waschküche in ihrer Perspektive aus Ziegeln. Und in der Dunkelheit der Morgendämmerung, eines rötlichen Tons, der alles in die Ferne rückt, entdecke ich zu meinen Füßen Schatten und weiße Flecken: Dutzende von Statuen liegen verstreut und starr. Die Kakerlaken, die von innen heraus ausgehärtet sind. Einige davon auf dem Rücken. Andere inmitten einer Regung, die sich nie mehr vollziehen wird. Im Maul mancher ein wenig weiße Nahrung. Ich bin die erste Zeugin des Morgenrots in Pompeji. Ich weiß um diese letzte Nacht, ich weiß um die Orgie im Dunkeln. Bei manchen wird der Gips so langsam hart geworden sein wie bei einem Lebensvorgang, so dass sie mit immer mühseligeren Bewegungen, gierig, die Freuden der Nacht verstärkten, während sie noch sich selbst zu entrinnen suchten. Bis sie versteinerten, in entsetzter Unschuld und mit einem Blick, so vorwurfsvoll und verletzt. Andere – vom eigenen Mark überfallen, ohne auch nur zu ahnen, dass etwas in ihnen war, das sie zu Stein werden ließ! – andere also kristallisierten plötzlich, so wie das Wort im Mund abgeschnitten wird: ich li... Sie, die den Namen der Liebe eitel im Munde führten, sangen in der Sommernacht. Während diese dort, die mit dem braunen, weiß verschmutzten Fühler, wohl zu spät erraten hat, dass sie just deshalb zur Mumie erstarrte, weil sie unfähig war zur Anmut eitlen Tuns: »Ach, habe ich zu sehr in mich hineingeblickt! Habe ich zu sehr in ...« – Von meiner kalten menschlichen Höhe aus betrachte ich, wie eine Welt zusammenstürzt. Der Tag bricht an. Der eine oder andere Fühler einer toten Kakerlake schwankt trocken im Luftzug. Aus der vorherigen Geschichte kräht der Hahn.

Die vierte Erzählung läutet im Haus eine neue Ära ein. Sie beginnt in der bekannten Weise: Ich habe mich über Kakerlaken beklagt. Und weiter bis zu dem Moment, in dem ich die Denkmäler aus Gips erblicke. Tot, ja. Aber mein Blick schweift zu den Rohren, wo schon in der folgenden Nacht ein langsames, lebendiges Volk erstehen wird, eine nach der anderen. Soll also auch ich jede Nacht den tödlichen Zucker erneuern? Wie jemand, der nicht mehr schlafen kann ohne die begierige Erfüllung eines Ritus. Und soll ich jeden Morgen schlaftrunken zum Ort des Geschehens laufen? Aus dem lasterhaften Drang heraus, den Statuen entgegenzugehen, die meine schweißgetränkte Nacht errichtet hat. Mich schauderte vor böser Lust angesichts dieses Doppellebens als Hexe. Und mich schauderte auch bei der Warnung durch den trocknenden Gips: das Laster des Lebens, das meine innere Form sprengen würde.

Rauer Moment der Wahl an einer Weggabelung, dachte ich in der Gewissheit, dass jede Wahl ein Opfer bedeutet: ich oder meine Seele. Ich traf meine Wahl. Und heute trage ich im Herzen insgeheim ein Tugendabzeichen: »Dieses Haus wurde fachmännisch von Insekten befreit.«

Die fünfte Geschichte heißt *Leibniz und die Transzendenz der Liebe in Polynesien.* Sie beginnt so: Ich habe mich über Kakerlaken beklagt.

Aus dem Portugiesischen von Luis Ruby

Sylvia Plath

Ein Vergleich

Wie ich den Romanautor beneide!

Ich stelle ihn mir – besser gesagt sie, denn es sind Frauen, nach denen ich als Parallelen suche –, ich stelle sie mir vor, wie sie mit großer Schere einen Rosenbusch stutzt, ihre Brille zurechtrückt, zwischen Teetassen herumschlurft, summt, Aschenbecher und Babys arrangiert, eine Neige Licht einsaugt, und frisch geschärft fürs Wetter durchsticht sie mit einer Art bescheidenem, schönem Röntgenblick die psychischen Innenräume ihrer Nachbarn – ihrer Nachbarn im Zug, im Wartezimmer des Zahnarztes, im Teeladen an der Ecke. Für sie, diese Glückliche, was gibt es, was da nicht von Belang ist? Alte Schuhe kann man gebrauchen, Türgriffe, Luftpostbriefe, Flanellnachthemden, Kathedralen, Nagellack, Düsenflugzeuge, Rosenlauben und Wellensittiche; kleine Eigenheiten – an einem Zahn saugen, am Saum zerren –, jedes seltsame, lausige, vortreffliche oder abscheuliche Ding. Ganz zu schweigen von Gefühlen und Gründen, diesen rumpelnden, donnergleichen Umrissen. Ihr Geschäft ist die Zeit, die Art und Weise, in der sie nach vorn schießt, rückwärts rangiert, blüht, verfällt und sich doppelbelichtet. Ihr Geschäft sind Leute in der Zeit. Und sie, scheint mir, hat alle Zeit der Welt. Sie kann sich ein Jahrhundert Zeit lassen, wenn sie mag, eine Generation, einen ganzen Sommer.

Ich ungefähr eine Minute.

Ich rede nicht über epische Gedichte. Wir alle wissen, wie lange die brauchen können. Ich rede von dem kleineren, unoffiziellen, domestizierten Gedicht. Wie kann ich es beschreiben? Eine Tür geht auf, eine Tür geht zu. Dazwischen sieht man ein Einzelbild: einen Garten, eine Person, einen

Wolkenbruch, eine Libelle, ein Herz, eine Stadt. Ich denke dabei an diese runden viktorianischen Papierbeschwerer aus Glas, an die ich mich erinnern, die ich aber nicht mehr finden kann, eine Welt entfernt von der Massenware aus Plastik, die die Spielzeugregale bei Woolworth besetzt. Diese Art Papierbeschwerer ist eine durchsichtige Kugel, in sich abgeschlossen, sehr rein, mit einem Wald, einem Dorf oder einer Familie darin. Man kehrt ihn von unten nach oben, dann zurück. Es schneit. Im Moment ist alles verändert. Dort drinnen wird es nie wieder sein wie vorher – nicht die Tannenbäume noch die Giebel, noch die Gesichter.

So findet ein Gedicht statt.

Dabei gibt es wirklich so wenig Platz! So wenig Zeit! Der Dichter wird ein meisterlicher Kofferpacker:

Das Erscheinen dieser Gesichter in der Menge:
Blütenblätter auf einem nassen, schwarzen Ast.

Da ist es: Anfang und Ende in einem Atem. Wie käme der Romanautor damit zurecht? In einem Absatz? Auf einer Seite? Mischt es vielleicht, wie Farbe, mit etwas Wasser an, verdünnt es, breitet es aus.

Jetzt werde ich überheblich, ich setze mich ins rechte Licht.

Wenn das Gedicht konzentriert ist, eine geschlossene Faust, dann ist der Roman eine offene Hand, ausgreifend und entspannt: hat Straßen, Umwege, Bestimmungen; eine Herzlinie, eine Kopflinie, Geld und Sitten geraten hinein. Wo die Faust ausschließt und erschlägt, kann die offene Hand in ihren Reisen vieles berühren und umfassen.

Ich habe nie eine Zahnbürste in ein Gedicht gepackt.

Ich denke nicht gerne an die Dinge – vertraute, brauchbare, ehrenwerte Dinge –, die ich nie in ein Gedicht gepackt habe. Einmal packte ich eine Eibe hinein. Und diese Eibe begann mit erstaunlichem Egoismus die ganze Angelegenheit zu ordnen und zu erledigen. Es war keine Eibe neben der Kirche auf einer Straße hinter einem Haus in der Stadt, in der eine bestimmte Frau lebte ... undsoweiter, wie es in einem Roman hätte sein mögen. Oh nein. Sie stand wie ein Schrank mitten in meinem Gedicht, hantierte mit seinen dunklen Schattierungen, den Stimmen im Kirchhof, den Wolken, den Vögeln, der zarten Melancholie, mit der ich sie bedacht hatte – mit allem! Ich konnte sie mir nicht unterwerfen. Und am Ende war mein Gedicht ein Gedicht über eine Eibe. Diese Eibe war schlicht zu stolz, ein vorübergehendes schwarzes Zeichen in einem Roman zu sein.

Vielleicht verärgere ich ein paar Dichter, indem ich damit sage, dass das *Gedicht* stolz ist. Auch das Gedicht, werden sie mir entgegnen, kann alles einschließen. Und mit weit mehr Genauigkeit und Kraft als diese ausgebeulten, aufgelösten und anspruchslosen Geschöpfe, die wir Romane nennen. Gut, ich gestehe diesen Dichtern ihre Löffelbagger und alten Hosen zu. Ich glaube *wirklich* nicht, Gedichte müssten unbedingt so keusch sein. Ich würde, glaube ich, sogar eine Zahnbürste zugestehen, wenn das Gedicht wirklich eines wäre. Aber diese Erscheinungen, diese poetischen Zahnbürsten, sind selten. Und wenn sie einmal auftauchen, neigen sie, wie meine aufsässige Eibe, dazu, sich selbst als erwählt und etwas ziemlich Besonderes zu finden.

Nicht so in Romanen.

Da kehrt die Zahnbürste in schöner Unverzüglichkeit in ihren Halter zurück und wird vergessen. Die Zeit fließt, strudelt, schlängelt sich, und Menschen haben die Muße, vor unseren Augen zu wachsen und sich zu verändern. Das reichhaltige Gerümpel des Lebens tanzt um uns herum: Kommoden, Fingerhüte, Katzen, der ganze vielgeliebte, abgegriffene Gemischtwarenkatalog, von dem der Romanautor wünscht, dass wir ihn mit ihm teilen. Ich meine nicht, dass es hier kein Muster, keine genaue Wahrnehmung, keine strikten Regeln gibt.

Ich schlage nur vor, dass das Muster vielleicht nicht so beharrlich insistiert.

Die Tür des Romans schließt sich ebenso wie die Tür des Gedichts.

Aber weder so schnell noch mit so besessener, unbeantwortbarer Endgültigkeit.

Aus dem Englischen von Julia Bachstein und Sabine Techel

Nora Gomringer

Gedichte

Gedichte sind Gefechte
Auf weißen Seiten
Oder Tierhäuten
Ausgetragen

Die von Verdichtung
Und Ausdünnung
Sprechzeugnis ablegen
In aller Kürze

Erzähl

Den Frauen vom Spinnen
Des Strohs, wie sie es lernen
Das mit dem Gold
Dann bist du erlöst
Von den Zeternden
Kannst tanzen im Wald
Unbenannt

Antje Rávic Strubel

Mädchen in Betriebnahme.

Ein Abgesang in drei Aufzügen

Manchmal denkt man sich etwas aus, und dann ist es da, aber das Mädchen war schon vor mir da, und so muss ich darüber nichts denken. Auch gibt es auf der Welt wichtigere Dinge zu denken, als was ein Mädchen ist.

Ich schlage zum Beispiel die Zeitung auf.

Auch da hat man den Mädchen schon etwas zugedacht, einen Wert etwa; in einer flottierenden Wirtschaft lässt sich mit ihnen handeln. Im Sport kommen sie weniger vor, da gibt es nur Damen, und im Regionalteil ist von Mädchen erst die Rede, wenn sie verschwunden sind oder bereits tot. Aber ich bin auf dem besten Weg: Immer in Richtung Feuilleton.

In der Popmusik kenne ich mich nicht so gut aus, da heißen sie Girls, man sagt, in den Clips herrsche der Trend, ihre Hintern zu zeigen, und wenn sie sich vor laufender Kamera prostituieren, hätten sie sich selbst dafür entschieden, weil das heutzutage selbstbewusst entschieden werden kann. Ich halte mich lieber an deutschsprachigen Pop. Die Auswahl ist auch hier nicht überwältigend, aber auf Deutsch bin ich frech und schüchtern, jung, stark und schwach, da bin ich ich, weil ich ein Mädchen bin. Ich bin unschuldig und gewitzt, ein zartes Pflänzchen, das schwer zu brechen ist, ich bin naiv und böse und gut, das ist ein großer Reichtum, wenn man alles gemeinsam sein kann, was ich bin, weil ich ein Mädchen bin.

Da ist auch viel von Erzählungen die Rede, in denen ich mich sicher wiederfände. Sie werden sehr gelobt, weil sie eine Vorstellung von der Zartheit des Mädchens geben, von den leisen Tönen, die es macht. Die Erzählungen sind so zart, dass sie sich wie von selbst vor den Augen des Lesers verflüchtigen in ein duftig parfümiertes Sommerlüftchengespinst. Das ist schön und auch angenehm, wenn eine Sache nicht aufdringlich ist. Und man sich nicht groß Gedanken machen muss darüber, weil es sie am Ende vielleicht gar nicht gegeben hat.

Manchmal allerdings begegnen mir Menschen, die mich verunsichern. Ein paar Sätze leichtsinnig in einer gut gelaunten Tischgesellschaft gesagt, und schon zögere ich und fürchte, meine Tage seien gezählt.

»Wenn die erst mal 'n Kind kriegt, schreibt die kein Wort mehr.«

»Die sahnt doch nur ab wegen dem Foto hinten im Buch, rote Haare und kniehohe Stiefel. Aber warte mal, mit vierzig ist Sense.«

»Wennde siehst, wie die ihr Gewicht auf die Bühne hievt, dann weißte, was die schreibt.«

»Nee du, die iss mir nüscht, die trumpft viel zu sehr auf!«

Man darf dann keine Angst haben. Man muss auf die Leute zugehen, weil man etwas erfahren will, denn Erfahrung macht einen Menschen, der erwachsen werden will, doch aus. Man merkt ja auch schnell, dass sie einen eigentlich wertschätzen, indem sie sofort ein Gespräch über, sagen wir mal, ein Motiv bei Thomas Mann beginnen. Dafür bin ich ihnen dankbar. Und es wäre auch egoistisch, alles auf sich zu beziehen, meine Haare sind schließlich nicht rot.

Es gibt keinen Grund, mich zu sorgen um mich, wo es auf der Welt doch größere Dinge zu bedenken gibt.

Ich höre mir auch geduldig an, wie verwirrend das ist, wenn jemand wie ich schreibt und dabei noch eine Weltvorstellung hat. Meist wird sie nämlich in so einer Erzählung ganz übersehen. Das liegt aber daran, dass eine wie ich so vielseitig ist. Da ist man froh, wenn man wenigstens im Text eine biografisch hauteng sitzende Alltagsgeschichte entdecken und mich vernünftig irgendwo zuordnen kann.

Außerdem wäre es eine gemeine Eitelkeit, von jedem Kleinjournalisten zu verlangen, dass er schon im ersten oder zweiten Roman erkennt, was ein Roman über eine Gesellschaft zu sagen hat. Ich muss erst mal etwas über mich sagen, bevor ich der Allgemeinheit etwas über sie erzählen kann, und so können erste Romane noch gar keine Aussagen zur Gesellschaft treffen. Und wenn der dritte und der vierte Roman erscheinen, muss sich jeder anständige Journalist auf den ersten und den zweiten rückbeziehen wegen der Kontinuität, also darauf, was darüber geschrieben wurde, und man kann nicht von ihnen verlangen, dass sie jeden weiteren Roman nicht ganz genauso lesen, sondern anders.

Mir jedenfalls geht es gut. Ich habe Geld, ein Zimmer für mich allein und Zeit zum Schreiben.

Ich habe sogar Interviews. Es kann passieren, dass ich neben einem avancierten Redakteur auf der Couch sitzen darf. Obwohl ich, wenn ich ehrlich bin, lieber auf Sesseln sitze. Da hat man eine Haltung, da sinkt man nicht zusammen, das Rückgrat hat eine Position, von der aus man sich zu Standpunkten aufschwingen kann. Auf der Couch muss man sich ständig um die Beinhaltung Sorgen machen. Auch sitzt man in Sesseln allein. Sie hängen nicht in der Mitte durch wie eine Couch, wo der Redakteur und ich aufeinander zurutschen in ein einträchtiges Beisammensein. Vielleicht würde einer der Herren, die um uns herum auf Sesseln sitzen, gern mit mir tauschen. Vielleicht hätte einer von ihnen die Hand des Redakteurs, die sich immer mal wieder meines Oberschenkels versichert, nötiger. Aber ich kann sie ihnen natürlich nicht anbieten, das wäre unhöflich, denn der Redakteur findet mich eine schöne Zier an seiner Seite, und man ist nicht gern unhöflich, wenn einer nett zu einem ist.

Und man weiß ja, wie unernst so eine kuschelige Sitzgelegenheit heute gemeint ist und dass keiner ein Kompliment ohne Ironie mehr macht. Deshalb darf man so ein Kompliment auch nicht zurückweisen, wo sich der Redakteur doch seit neunzehnhundertachtundsechzig solche Mühe mit der Ironie gegeben hat. Denn der Redakteur sagt sich, wenn man so viel ironischen Aufwand wegen eines Mädchens betreibt, wo man doch gar kein ironischer Mensch ist, und *es* erkennt seine Mühe gar nicht an, hat man das Recht, gekränkt zu sein. Und beim nächsten Mal lässt er dann nicht nur die Ironie, sondern auch das Mädchen in der ja sonst wie am Schnürchen laufenden kernigen Diskussion einfach weg. Das Kompliment zurückzuweisen wäre auch nicht intelligent, ich stünde ja da, als hätte ich die Ironie nicht verstanden. Ich zwinkere also heftig, ich habe Lust auf so einen Augenaufschlag aus der Stummfilmzeit, und dann gelingt er mir auch. Keinesfalls darf ich die Ironie ironisch kommentieren, denn das würde doch wieder auf einen Ernst hinauslaufen, und alles wäre futsch.

Also sitzen wir zwei Stunden ironisch auf der Couch herum, während sich die Herren durch Geschichtswelten und politische Landschaften ackern. Da wird auch klar, warum ich keinen Sessel brauche! Ich komme gar nicht in die Gefahr, einen Standpunkt haben zu müssen, weil ich alle Hände voll damit zu tun habe, dass das mit der Ironie auch klappt und nicht alles auffliegt.

Aber eines sag ich: Wenn hier eine Anstrengung zu riechen ist, ist es nicht meine! So viel ist sicher. Zarte Mädchenhaut riecht nicht.

2.

Der Himmel ist erschreckend, wenn er in alle vier Richtungen offen ist. Wo nichts mehr falsch gemacht werden kann, wo keine Zensur mehr gefürchtet, keine Utopie mehr geopfert, wo sich zu keiner Moral, keiner verbindlichen Ästhetik mehr aufgeschwungen werden kann, muss man Stein auf Stein sich selbst einen Maßstab errichten. Dafür braucht es ein Fundament, soll der Maßstab auch über den Gartenzaun hinweg Schatten werfen, einen kleinsten gemeinsamen Nenner. Der lässt sich am sichersten historisch finden. Man sucht das tauglichste Modell, eines, das, wie man glaubt, aktuell am wenigsten schmerzt. Das Mädchen als Programmmusik, als Wiederkehr des Ewiggleichen, ein Requisit der kolletiven Rumpelkammer, gehört zu den einfachsten »narrative frameworks to make sense of our lives«, wie Joan Didion sagen würde.

In Zeiten des Kleinhelden, der die Gesellschaft und damit auch die gesamtdeutsche Literatur unisex bestimmt, funktioniert am besten das Kleinhalten. Wenn man selbst nicht besonders groß ist, müssen die Dinge noch kleiner sein, wie Tania Blixens Kikuyu-Häuptling lehrte, als er mit der Axt eine Markierung in den Baum schlug. Er platzierte sie auf Höhe seines Bauchnabels. Kindern, die sie überragten, verbot er den Schulbesuch, um zu verhindern, dass ihm die Klugheit über den Kopf wüchse.

Mit dem Label des Mädchens oder der jungen Frau werden nicht nur Texte gerahmt, die von Liebesperlen, Knutschflecken, möglichst schmutziger sexueller Selbstentdeckung oder der dornröschenhaften Unterwerfung unter einen Sado-Prinzen erzählen, sondern auch Texte, für die man mühsam einen Bezug zu diesem Label konstruieren müsste. Manchmal scheiterte man ganz, gäbe es da nicht diesen bequemen Rückschluss auf den Körper der Autorin. Der gehört zum historischen Modell. Ohne unterstellen zu wollen, dass der Text bei der Entscheidung zur Veröffentlichung keine Rolle spielte, castet man doch bevorzugt auch die Autorin. Über den Körper wird Texten von Autorinnen eine biografische Zeitlichkeit eingewebt, die ein Verfallsdatum mit sich bringt, was bei Texten, die fürs Überpersönliche, Allgemeingültige stehen, nicht der Fall ist. Letztere finden wie von selbst Eingang in die literaturgeschichtliche Chronologie, Ersteren dagegen steht die biografische Zeitlichkeit im Weg; auch ein Grund, warum Autorinnen als Einzelne mit einzelnen Büchern zwar Erfolg haben können, aber immer noch schwer Eingang finden ins kollektive literarische Gedächtnis.

Was mit zielgruppenorientierten Marketingstrategien und wirtschaftlichen Gesetzmäßigkeiten bemäntelt wird, scheint eher einer Angst zu entspringen, die proportional zur Freiheit wächst: Je höher die eigenen Maßstäbe, desto leichter haut der Wind sie um. Und niemand hilft uns beim Aufstellen. Statt also höher, mutiger zu bauen, perfektionieren wir lieber die Kontrollsysteme. Wir schauen, was die anderen tun. Wir verwenden jede Menge nervöser Energie darauf, herauszufinden, was der andere hören oder sehen will – ohne zu fragen, welcher andere und warum –, und finden es nie heraus, denn in den Augen der anderen sind wir immer nur wieder bei uns selbst, erkennen unsere eigene Angst, verdoppeln aber mit jedem Scheitern die Anstrengung. Bereits Gertrude Stein wusste: »Das achtzehnte Jahrhundert begann mit der Leidenschaft für persönliche Freiheit, das Ende des neunzehnten Jahrhunderts begann durch den Begriff der Organisation mit dem Beginn einer Leidenschaft zur Versklavung, nicht so sehr zum Versklaven, sondern zum Versklavtsein.«

In Zeiten terroristischer Bedrohung, wo es uns an jedem Ort zu jeder Zeit erwischen kann, scheinen wir leidenschaftlich und trotz moralischer Bedenken von Potenzierungsmöglichkeiten des Immergleichen besessen. Haben wir gerade noch resigniert angesichts der Unterwerfung unter eine organisierende Macht, hätten wir sie jetzt gern doppelt, indem wir uns vervielfachen wie Agent Smith. Wenn es uns den Ort wegsprengt, unser einziges Leben, bleibt nur die Hoffnung, ein zweites Mal da zu sein, weitermachen zu können, und sei es nur als Kopie in der Matrix. Wenn es uns schon nicht mehr gibt, dann wenigstens in unendlicher Stückzahl.

Dieser Gedanke wird mit einer Art Tröstungsliteratur eingespeichelt. Familienromane, Erinnerungsromane, historisierende Romane, alles in möglichst ausufernder Länge, haben Konjunktur, Erzählmodelle, in denen bei aller Desillusioniertheit immer noch ein Kleingartensinn produziert wird, kurzgeschnitten wie die Rasenflächen amerikanischer Vorortsiedlungen, begrenzt vom blendend weiß gestrichenen Lattenzaun. (Wirtschaftswissenschaftliche Studien zeigen, Menschen in gesellschaftlich unsicherer Lage kaufen mehr Gartenpflanzen und Blumentöpfe als sonst.) Indem wir die Mädchenschablone kaufen, können wir uns der Illusion hingeben, vorerst sicher zu sein.

Man könnte einwenden, Labels wie das der Mädchen seien nur vorläufig, ein Lockruf: Einfache Marketingkonzepte sollen komplizierte Texte an ein Publikum bringen, wo sich die Texte dann unabhängig machen und in den Köpfen der Leser entfalten. Ich glaube, dieses idealistische Vorhaben misslingt. Der Inhalt wird, mehr als wir wahrhaben wollen, durch die Art der Präsentation bestimmt. »Warum haben die Yankees die Giants geschlagen?«, beginnt ein Witz in Spielbergs Gaunerkomödie *Catch Me If You Can.* »Weil sie in ihren Nadelstreifenanzügen den Gegner irritierten.« Farbe, Klappentext, Motiv auf dem Cover weichen unweigerlich auf die Texte durch. Der Para-Text , wie Gérard Genette sagen würde, ist das, was in den Köpfen bleibt. Kurios daran ist, dass man für jedes neue Buch auszieht, die Superlative, das Knalligste, Außergewöhnliche zu finden. Angewiesen auf den kleinsten gemeinsamen Nenner kehrt man jedoch mit dem immer noch Gleicheren zurück, etwa dem Mädchen.

Dagegen kann man sich im Einzelfall zur Wehr setzen. Man hat ein Vetorecht, um ein Buchcover zu verhindern. Man kann diskutieren, den Verlag wechseln, die Veröffentlichung verweigern. Klar. Aber schon darüber nachzudenken macht mich wahnsinnig müde. Das ist wie mit dem Apfel. Die vergiftete Seite und hundert Jahre Schlaf.

3.

nicht genug, um das Geheimnis zu deuten, das um dich gemacht wird, durch Inbesitznahme zu lüften, der Einfachheit halber

lachen lernen wie du

Zuckerschnute und Grübchen, eine Affäre mit Regisseur, das wird doch zu machen sein, jung werden wie du, zehn, elf Jahre, ein Leben jünger, *ein Glanz,* und den kalten Blick fest auf die heißen Gefühle, schließlich fehlt dir was, wenn du nicht über Gefühle nachdenken darfst

kann die Dame Liebe? Orgasmen? Dann hat sie Chancen als Schriftstellerin, also

hinsetzen und üben und bloß nicht in die Umlaufbahn Zeitgeist geraten, in der sich die Welterklärungsmythologen schon eingerichtet haben, ab die Post, immer den *Elementarteilchen* nach, lieber hübsch aufpassen, um das weiße geblümte Sommerkleid nicht zu beschmutzen, in dem die Heterogefühle stecken, die jahrhundertealten, die Zweierkiste, die immer mal wieder in den Abwasch gehört, schön, wenn das heute noch jemand hat

so eine Minne

ohne die was fehlt, nichts mehr schön wehtut, nicht ziept, sagen wir in der Ukraine, in Libyen oder wo auch immer dieser *ganze herrliche Krieg* gerade abläuft, zu wenig geheuer, eher eine Belastung, also

sprechen wie du

auf der täglichen Straße im Neckholdertop, bauchnabelfrei

nur einmal sagtest du, aus dem Bad kommend, ich bin vergiftet! Mal wieder abgespült in der Feuilletontoilette, ich habe gerade und Refrain, wie er in allen Zeitungen immer wieder zu lesen ist

»Da ohne Frauen was fehlen würde, lässt man Silvia Bovenschen noch einmal *Die imaginierte Weiblichkeit* analysieren, und damit ja kein Spaß aufkommt, seziert Judith Butler *Das Unbehagen der Geschlechter* in gespreizten Sätzen« –

nein, meine Herren, Spaß machen wir nicht, sagst du im Bad, wo du für einen Moment nicht aufgepasst hast, Spaß ist nicht, bloß ein Ernst, der vom Tod herkommt, seien Sie versichert, das ist die Drohung, aber

so schnell passiert dir das nicht noch mal, die Regeln sind einfach, und im Gegensatz zu mir weißt du, wie man sie handhabt, im Gegensatz zu mir hast du noch nie lange gefackelt, frisches Make-up und ab durch die Mitte

wo das Ich gern gesehen wird, einer Lady wohlweislich, man wird sich noch wundern, wie es abgeht, das blanke Geschlecht, inmitten *gleißenden Glücks* an der Bar, wo auch kritische Damen schon neben dir Platz nehmen

während ich verzweifelt versuche zu sprechen

wie du

die Dame will Kir Royal, die Dame bekommt Kir Royal, das Königliche an der Unterwerfung, sagst du, kann man lernen, ich werde blass, auch die kritischen Damen sind jetzt wieder verdrossen, so weit will man dann doch nicht gehen, nur die Nägel geschliffen, bemalt für den Tango-Vals mit Herrn, der sich immerzu vor mich oder zwischen mich und dich schiebt und einführt ins Leben, ins Cabriolet

willst du *mein Herz*, fragst du jeden, denn du willst ja in den Texten auch so wie im Alltag sein

jenseits vom Menschenpark

nur mir fällt es schwer, in deinem Körper, deinem Kopf zu leben, diesem Unschuldshain voller Wiesenschaumkraut, gemäht, wo du *im Schatten junger Stilblüten* von Kindheit und Liebe erzählst, niemand zwingt dich, aber irgendwann willst auch du wieder auffindbar sein, sagst du, eine Landschaft mit Identifikationspotenzial, die sich aufzieht wie ein Vorhang, nicht mehr nur Gelegenheitslektüre, Gelegenheitsliebhaberei, ein Lächeln hier, ein Butterblümchen da, im Rundfunk einfach

die Stimme

drei Oktaven nach oben, egal, was so ein hochgewachsener, so ein aus der Kultur geschossener Journalist kraft seiner Körperlänge reglementiert, es solle, sagt er, doch endlich mal Preise für Männer geben, er fände das ungerecht, du aber ausharrst in Weiß und gen Barhimmel pustest, zuckersüß und die Lippen spitz, denn der Refrain

da ohne Frauen was fehlen würde

gilt auch hier, gilt eigentlich immer, man gähnt schon in den hinteren Reihen, wo das mit jeder Reproduktion immer noch billiger zu haben ist, der ewige Gewichtsverlust, deine Schluckgeräusche im Bad, jede Woche gehst du zwei Kilo runter, ich bin sicher, dass du längst ein unterirdisches Leben führst im weißen Gewand der Geister, Chanchan-Seide, *das scheint ganz selbstverständlich* und nur

wenn du mir zu nah kommst

zerstäubt der Spuk

du nagelst das Kleid an die Wand, aber auch mich hat man schon informiert: man darf heutzutage alles sein, aber niemals weniger als etwas

richtig

runter vom Barhocker also und rein ins Gewühl, wo sie knietief in leiblicher Erotik stehen

dos ojos tristes, so die Überschrift

aber das wächst sich raus, rufen sie, alles Zögern wächst sich irgendwann raus, da vertrauen sie ganz den Geschichtsbüchern, und wieder gehen die Damen ins Kreuz

ich

hätte jetzt gern deinen Mund, den Schwung deiner Lippen, mit denen du so ganz und gar jung, so hintenherum verlogen bist, dass man dir glaubt

da ohne Frauen was fehlt

gern sogar, dir abnimmt, alles

auch das Schreiben zuletzt, und ich frage mich, wann du dich zum ersten Mal rittlings mir auf den Schoß gesetzt und mich ausgezogen, entblättert

herausgeschält hast aus Pionierbluse, FDJ-Hemd, ZV-Uniform, wo ich immer noch eine Haltung hatte, Pfeil und Bogen und den kalten Feind im Blick, und wie du behaupten kannst, das sei jetzt meine Bestimmung, so formal geschädigt hier herumzusitzen, denn der Körper, der sei immer schon vorher da, den könne man schließlich anfassen, müsse man

ja

denn Refrain

und Refrain und und und

Müdchen

nicht Mut, nicht Mädchen

nur ein Mal wirst du mir über die Schläfe gestrichen haben inmitten schreiender Vögel und nah am Himmel entlang, wo die Nachtschiffe liegen, auslaufbereit, aber das muss wohl ganz und gar rätselhaft geblieben sein, nicht zu vergleichen mit dem klaren menschlichen Rest, der da neben uns sitzt und Erdnüsse kaut und

nur der Schlaf, sagst du, als es spät ist, und hältst mir die Bettdecke auf, nur der Schlaf liege hinter der Karte, hinter der Körperkartografie, und käme ohne Überschrift aus

Joan Didion, **After Henry**

Sabine Hark, **Deviante Subjekte. Die paradoxe Politik der Identität.**

Irmgard Keun, **Das kunstseidene Mädchen**

Gertrude Stein, **Jedermanns Autobiographie**

Judith Schalansky

Wie ich Bücher mache

DIE Idee muss zwingend sein, so stark, dass sie den Aufwand trägt und ich über Monate, schlimmstenfalls Jahre, von ihr zehren kann. Ich mache einen Entwurf, ein paar Notizen und fange an zu recherchieren. Denn jedes Buch ist für mich ein Forschungsprojekt jenseits wissenschaftlicher Standards. Und mit jedem Buch erfülle ich mir einen Wunsch. Den Wunsch, dass es dieses Buch gibt. Damit es besessen werden und damit ich es besitzen kann. Denn ich kaufe Bücher zuallererst, um sie zu besitzen. Ich gehe davon aus, sie auch irgendwann einmal zu lesen. Wahrscheinlicher ist allerdings, dass ich sie nur konsultiere. Ohnehin sind mir

Nachschlagewerke die liebsten Bücher, veraltete Kompendien, Lehrbücher und Enzyklopädien mit grafischem Apparat: ein übergroßer, russischer Atlas des Indischen Ozeans, der in blau schillernden Karten die geologisch-geophysischen Tiefen dieses Weltmeeres abbildet; ein alter, französischer Band voller Strichzeichnungen urzeitlicher Landschaften, drachenähnlicher Tiere und früher Fossilienfunde; ein farbig und reich illustrierter Naturführer für Kinder in handlichem Format. Es sind Bücher, mit denen man nie fertig ist. ¶ Aber Bücher, egal ob Belletristik oder Fachliteratur, sind ohnehin anhänglich. Jeder, der mal versucht hat, welche auszusortieren, weiß, was ich meine: Irgendwann wird man sie schon noch einmal gebrauchen können. Mir sind sie gerade dann besonders viel wert, wenn das Wissen, das sie versammeln, längst überholt ist und der Ewigkeitsanspruch des Mediums damit offenkundig uneingelöst bleibt – was die Haltbarkeit angeht, können es nur unhandliche Steinplatten mit dem Buch aufnehmen. Denn befreit von der belehrenden Funktion, nähern sie sich der Dichtung an. Wenn die Objektivität obsolet geworden ist, entfalten selbst Schautafeln und prosaische Wissenschaftssprache poetischen Reiz. Solche Bücher möchte ich machen: Vademekums und Kataloge; Wunderkammern und Archive; Bücher, die ganze Welten behaupten, die ganze Welten sind, die andere Bücher in sich ein- und ausschließen; Bücher, in denen Text, Bild und Gestaltung eine Einheit bilden; Bücher, in denen Fakt und Fiktion, Form und Inhalt nicht mehr auseinanderzuhalten sind; kurzum: totale Bücher. Weil Bücher aber, seien sie nun fachlitera-

rischer oder belletristischer Natur, zuerst nun mal geschrieben werden müssen, schreibe ich. Vor allem aber mache ich sie. Leider ist der Begriff Buchmacherin schon an ein ebenfalls risikoreiches, wenngleich völlig artfremdes Gewerbe vergeben. Autorenfilmer drehen die Filme, die sie schreiben. Ich gestalte die Bücher, die ich schreibe. Denn die Form eines Textes hat ein Eigenleben. Gestalterische und herstellerische Ideen – wie Dünndruckpapier, ein Griffregister oder einfach nur die Verwendung einer ganz bestimmten Schrift – können zu fruchtbaren Ausgangspunkten für neue Projekte werden. Diese formalen Einfälle sind wie Schauspieler, von denen eine Regisseurin weiß, dass sie unbedingt einmal mit ihnen arbeiten möchte, und für die sie nur noch auf der Suche nach dem passenden Stoff ist. Hier wie da ist es nicht der Inhalt, der die Form fordert. Vielmehr sind Form und Inhalt auf der Suche nacheinander. Und nicht selten ist es die Form, die im Arbeitsprozess den Inhalt bezwingt und das Buch überhaupt erst möglich macht. Ein Buch, in dem alle Teile so ineinander aufgehen, dass sie nicht mehr voneinander zu trennen sind, und in dem das Ergebnis mehr als die Summe seiner einzelnen Teile ist. Das beginnt bei der Entscheidung für Gattung und Buchformat, für die Erzählerperspektive, eine Sprache, eine Schrift und hört erst bei dem Vorsatzpapier, dem Einbandmaterial und der Titelgestaltung auf. ¶
Keinem Autor kann egal sein, in welcher Form sein Text seinen Lesern begegnet. Schließlich ist sie der Ort der Begegnung. Es ist eine Verabredung, bei der sich eine Seite bereits im Vorfeld ganz und gar festgelegt hat. Einen reinen,

unmateriellen Text gibt es nicht. Als ich meinem ersten Lektor meinen ungeschriebenen Roman erklären wollte, sagte er nur: »Ich hätte gern ein Schnitzel und nicht die Beschreibung eines Schnitzels.«

Bei der Buchgestaltung und im typografischen Satz gibt es strenge Regeln und Gesetze. Wer einmal falsche Kapitälchen erkannt hat, wird sie ein Leben lang erkennen und diese Kennerschaft bald verfluchen. Das Ziel der Typografie ist ja angeblich, so gut zu sein, dass sie gar nicht mehr wahrgenommen wird. Über welche andere Kunst kann man schon behaupten, dass sie ihre eigene Unsichtbarkeit anstrebt? ¶ Es bedarf weder Kennerschaft noch Vorbildung, um ein perfektes Buch zu erkennen. Die Vollkommenheit liegt in der Angemessenheit, und die trifft direkt ins Unbewusste. Dabei hat Angemessenheit nichts mit falscher Bescheidenheit zu tun. Auch eine maßlose, sogar eine effektvolle Gestaltung kann angemessen sein. Gerade weil das Buch ein durch und durch konventionelles Medium ist, entfalten selbst kleine Veränderungen größte Wirkung.

Indem ich meine Texte setze, bin ich mir sozusagen selbst zu Diensten. Schon beim Schreiben denke ich über die richtige Schrift und das Bildkonzept nach, über Format, Papier und Proportionen, unsichtbare Linien und optische Achsen, die alles zusammenhalten – lauter Rechnungen, die im Druck aufgehen müssen. Wenn ich gestalte, will ich schreiben. Wenn ich schreibe, will ich gestalten. ¶

Ich arbeite in der Bibliothek. Sie ist der Ort meiner Recherche und meines Schreibens. Ich gehe auf Arbeit. Ich forsche. Andere schreiben Abschluss- und Doktorarbeiten, ich schreibe einen Atlas oder eben einen Roman. Gattung und Titel sind wichtig: Beim Titel fängt das Buch an. Es gibt eine Mittagspause. Einen Abgabetermin. Wie immer zählt nur: Irgendetwas schreiben. Und wenn das nicht geht, irgendwas lesen: Forschungsberichte, Zeitungsartikel, Romane. Egal. Irgendetwas, von dem sich behaupten lässt, es hat was mit meinem Buch zu tun. Dableiben. Dranbleiben. So geht das dann. Monatelang. Mein Schreiben hat eine lange Inkubationszeit. Ich schreibe keine Seiten, nicht mal ganze Sätze, sondern eigentlich immer nur Fetzen. Kümmerliche Fragmente, selten mehr als vier, fünf Zeilen lang. Dann sichte ich das Material und verschlagworte es. Ich bin meine eigene Archivarin, die Herausgeberin meiner Autorschaft. ¶ Natürlich ist Schreiben – und es tröstet mich, dass es anderen ähnlich geht – vor allem eine groß und umständlich angelegte Vermeidung des Schreibens. Wenn ich aber schreibe, dann schöpfe ich aus dem typografischen Zeichenmaterial, verwende Schrägstriche, runde und eckige Klammern, um Varianten und Synonyme, Unsicheres und Vorläufiges sowie meine eigenen Kommentare und Schreibanweisungen auszuzeichnen. Ich setze beim Schreiben, in dem festen Glauben, dass sich schon irgendwann zeigen wird, welche Worte gewinnen werden. Es ist selten, dass ein Satz vom ersten Moment an einfach dasteht – schrägstrichlos. Es sind Ausnahmen, die mich sofort misstrauisch machen. Zwischen-

durch schreibe ich mir kleine Trost- und Mahnbriefe mit vielen Ausrufezeichen. ¶
Ich drucke das Geschriebene aus und versuche, es zu ordnen. Ich schiebe die Fragmente auf einem möglichst großen, komplett freien Schreibtisch hin und her und klebe diejenigen, die in irgendeinem Zusammenhang zu stehen scheinen, aneinander: Die Fetzen wachsen. Denn beim Schreiben gilt nur Text, Text und noch mal Text. Nichts muss raus. Alles muss rein. Hintereinanderweg. Aus Wörtern werden Sätze, ganze Seiten füllend, nur ab und an ein Einzug, der den Beginn eines neuen Gedankens markiert. Zugegebenermaßen ist es mir selbst rätselhaft, wie daraus Texte, sogar Romane entstehen können. Aber wenn mich das Schreiben eines gelehrt hat, dann ist es das: Zum Ziel führen nur Umwege. Abkürzungen gibt es nicht.

Das Buch ist total, ja totalitär. Ein in sich geschlossenes System, das größte Entschiedenheit fordert. Es ist simpel, ordentlich und überschaubar, in innere und äußere Form strukturiert, gesetzter Text auf paginierten Seiten, dem gnadenlosen Gesetz der Zeile folgend, im Druck abgeschlossen, zumindest für eine Auflage. ¶
Gerade Romane kommen verdächtig linear und bilderlos daher. Nur die Weißräume erzählen von Gedankenpausen und Dialogen. Im Text kann die Welt untergehen, der Satzspiegel ist darüber erhaben, wie selbstverständlich steht er da. Alle Streichungen sind getilgt, alle Varianten entschieden, verbannt in den unsichtbaren Paratext, den ich endlich in

großen, schwarzen Schachteln verstauen kann – auch wenn ich davon träume, alle Texte, die den endgültigen Text erst möglich gemacht haben, mit abzudrucken: jede Seite ein einziger Satz, gerahmt von Marginalien und Kommentaren mit Entwürfen, Quellen und Verweisen auf Sekundärliteratur. Vielleicht gehören deswegen in meine Bücher immer Bilder: Fotografien, Karten, Strichzeichnungen und Diagramme. Oft sind sie Erzählanlässe und heimliche Zentren, die – den Lesefluss unterbrechend – ohne jegliche Bildlegende auf- und wieder abtauchen. In ihnen sind all die vorangegangenen Entwürfe noch präsent. Diese Bilder illustrieren nichts, sie sind gleichermaßen Teil des Textes und sein Kommentar.

Ich lasse einen Dummy anfertigen und präsentiere ihn dem Verlag. Mir werden alle Wünsche erfüllt. Ich bin glücklich. Ich schiebe die Titelzeile noch einen Millimeter zum Bund. Ich bestelle Muster, vergleiche Materialien, wähle Vorsatzpapier und Kaptalband, vereinbare mit der Herstellerin Druck, Bindung und Veredelung. Büchermachen ist angewandter Fetischismus. In der Korrekturphase kann es passieren, dass ich den Text umschreibe, damit er besser läuft und störende Löcher im Satz vermieden werden. Ich werde zur Doppelagentin, die nicht mehr weiß, in wessen Mission sie eigentlich handelt. Ich fahre zum Andruck. Nur beim Buchbinden bin ich nicht mehr dabei. Aber am liebsten würde ich die Produktion meiner Bücher bis in die Lagerhallen verfolgen. Natürlich ist Buchgestaltung ein Handwerk, in dem man zwanghafte, nach Perfektion strebende Neigungen ausleben kann. Denn jedes Buch ist potenziell unvollendbar – menschengemacht, also fehlerhaft. Wenn ich in der Druckerei vor der Maschine stehe, die das ausspuckt, was mein Buch werden wird, und den Druckbogen unterzeichnet habe – eine Art Kapitulation mit vorgehaltener Pistole: Termine! Verträge! –, fühle ich mich beraubt und erschöpft. Weil ich nichts mehr machen kann. Und weil ich weiß, dass es wieder nur geworden ist – nicht perfekt. Aber perfekt ist nur der Tod.

Virginia Woolf

Berufe für Frauen

A

ls Ihre Vorsitzende mich hierher einlud, sagte sie mir, Ihr Verband befasse sich mit der Berufstätigkeit von Frauen, und schlug vor, ich solle Ihnen von meinen eigenen beruflichen Erfahrungen berichten. Es stimmt, ich bin eine Frau; es stimmt, ich bin berufstätig; aber wie steht es mit meinen beruflichen Erfahrungen? Das ist schwer zu sagen. Mein Beruf ist die Literatur; und dieser Beruf birgt für Frauen weniger Erfahrungen als jeder andere, abgesehen von der Bühne – weniger, will ich sagen, die speziell Frauen betreffen. Denn der Weg wurde bereits vor vielen Jahren gebahnt – von Fanny

Burney, von Aphra Behn, von Harriet Martineau, von Jane Austen, von George Eliot –, eine Vielzahl berühmter Frauen und noch weit mehr unbekannte und vergessene sind mir vorausgegangen, haben den Pfad geebnet und meine Schritte gelenkt. So standen mir, als ich zu schreiben begann, sehr wenige substanzielle Hindernisse im Weg. Das Schreiben war eine angesehene und harmlose Tätigkeit. Der Familienfrieden wurde durch das Kratzen einer Feder nicht gestört. Es bedeutete keine Belastung für den Geldbeutel der Familie. Man kann für zehneinhalb Schillinge genug Papier kaufen, um sämtliche Stücke Shakespeares zu schreiben – wenn einem der Sinn danach steht. Klaviere und Modelle, Paris, Wien und Berlin, Meister und Mätressen, das alles braucht ein Schriftsteller nicht. Dass Schreibpapier so billig ist, ist natürlich der Grund, weswegen Frauen als Schriftstellerinnen eher Erfolge feierten als in den anderen Berufen.

Doch um Ihnen meine Geschichte zu erzählen – sie ist eigentlich ganz schlicht. Sie müssen sich nur ein Mädchen in einem Schlafzimmer vorstellen, mit einer Feder in der Hand. Sie musste die Feder nur von links nach rechts führen – von zehn bis ein Uhr. Dann kam sie auf die Idee, etwas ebenso Einfaches und Billiges zu tun: ein paar von den Blättern in einen Umschlag zu stecken, oben in die Ecke eine Penny-Briefmarke zu kleben und den Umschlag in den roten Kasten an der Ecke zu werfen. Auf diese Weise wurde ich zur Journalistin; und meine Mühe wurde am ersten Tag des folgenden Monats belohnt – ein ganz wunderbarer Tag war das für mich – durch einen Brief von einem Redakteur, der einen Scheck über ein Pfund zehn Schillinge und sechs Pennys enthielt. Doch um Ihnen zu zeigen, wie wenig ich es verdiene, als berufstätige Frau bezeichnet zu werden, wie wenig ich von den Mühen und Problemen eines solchen Lebens weiß, muss ich gestehen, dass ich diesen Betrag nicht für Brot und Butter, Miete, Schuhe und Strümpfe oder Metzgerrechnungen ausgab, sondern losging und mir eine Katze kaufte – eine sehr schöne Katze, eine Perserkatze, die sehr bald zum Anlass für erbitterte Auseinandersetzungen mit meinen Nachbarn wurde.

Was könnte leichter sein, als Artikel zu schreiben und von dem Honorar Perserkatzen zu kaufen? Doch warten Sie einen Moment. Artikel müssen etwas behandeln. Meiner behandelte, wenn ich mich recht erinnere, den Roman eines berühmten Mannes. Und als ich diese Besprechung schrieb, ging mir auf, dass ich mich, wenn ich Bücher besprechen wollte, gegen ein ganz bestimmtes Phantom zur Wehr setzen musste. Und dieses Phantom war eine Frau, und als ich sie besser kennenlernte, nannte ich sie nach der Heldin eines berühmten Gedichts den »Engel im Haus«. Diese Frau war es, die sich ständig zwischen mich und mein Blatt drängte, wenn ich Besprechungen schrieb. Sie war es, die mich plagte und mir die Zeit stahl und mich so peinigte, dass ich sie schließlich ermordete. Aber vielleicht haben Sie, die Sie einer jüngeren, glücklicheren Generation entstammen, noch nie von ihr gehört – vielleicht wissen Sie gar nicht, was ich mit dem Engel im Haus meine. Ich werde diese Gestalt so kurz beschreiben, wie ich kann. Sie war ungeheuer einfühlsam. Sie war ungemein charmant. Sie war vollkommen selbstlos. Sie verstand sich auf die schwierigen Künste des Familienlebens. Sie opferte sich täglich. Wenn es Hühnchen gab, nahm sie das Bein; zog es irgendwo, setzte sie sich in den Luftzug – kurzum, sie war so beschaffen, dass sie nie einen eigenen Kopf oder einen eigenen Wunsch hatte, sondern sich stets lieber in die Köpfe und Wünsche anderer hineinversetzte. Vor allen Dingen – das versteht sich von selbst – war sie rein. Ihre Reinheit galt als ihre wichtigste Schönheit – ihr Erröten als ihr größter Liebreiz. Damals, in den letzten Jahren Königin Victorias, hatte jedes Haus seinen Engel. Und als ich zu schreiben begann, begegnete ich ihr gleich bei den ersten Worten. Der Schatten ihrer Flügel fiel auf mein Blatt; ich hörte das Rascheln ihrer Röcke im Zimmer. In dem Moment also, als ich nach meiner Feder griff, um diesen Roman eines berühmten Mannes zu besprechen, schlüpfte sie hinter mich und flüsterte: »Meine Liebe, du bist eine junge Frau. Du willst über ein Buch schreiben, das von einem Mann geschrieben wurde. Sei verständnisvoll; sei zartfühlend; schmeichle; täusche; nutze alle Waffen unseres Geschlechts. Lass unter keinen Umständen jemanden darauf kommen, dass du einen eigenen Verstand besitzt. Vor allem aber sei rein.« Und sie machte Anstalten, mir die Feder zu führen. Nun will ich von der einen Tat berichten, die ich mir ein wenig als Verdienst anrechne, auch wenn das eigentliche Verdienst ein paar vortrefflichen Vorfahren von mir gebührt, die mir einen gewissen Geldbetrag hinterlassen haben – sollen wir sagen fünfhundert Pfund im Jahr? –, so dass ich es nicht nötig hatte, meinen Lebensunterhalt allein auf Charme zu begründen. Ich stürzte mich auf sie und packte sie bei der Kehle. Ich bemühte mich nach Kräften, sie zu töten. Meine Rechtfertigung, sollte man mich vor Gericht stellen, wäre, dass es in Notwehr geschah. Wenn ich sie nicht umgebracht hätte, hätte sie mich umgebracht. Sie hätte meinem Schreiben das Herz entrissen. Denn, so erkannte ich, kaum dass ich meine Feder ansetzte, es ist nicht möglich, auch nur einen Roman zu besprechen, ohne einen eigenen Kopf zu haben, ohne das zu äußern, was man selbst als Wahrheit über menschliche Beziehungen, Moral, Sexualität begreift. Und wenn es nach dem Engel im Haus geht, dürfen all diese Fragen von Frauen nicht frei und offen behandelt werden: Frauen müssen bezaubern, sie müssen vermitteln, sie müssen – platt gesagt – lügen, um Erfolg zu haben. Daher nahm ich jedes Mal, wenn ich den Schatten ihres Flügels oder den Abglanz ihres Heiligenscheins auf meinem Blatt spürte, das Tintenfass und warf es nach ihr. Sie war schwer totzukriegen. Ihre fiktive Natur kam ihr sehr zu Hilfe. Es ist weitaus schwerer, ein Phantom zu töten als eine Realität. Immer wenn ich dachte, ich hätte sie erledigt, kam sie wieder angeschlichen. Auch wenn ich mir schmeichle, dass ich sie am Ende getötet habe – der Kampf war schwer; er kostete viel Zeit, die man besser darauf verwendet hätte, griechische Grammatik zu lernen oder auf Abenteuersuche durch die Welt zu streifen. Aber es war eine echte Erfahrung; es war eine Erfahrung, die damals alle Schriftstellerinnen durchmachten. Den Engel im Haus zu töten gehörte zum Beruf einer Schriftstellerin.

Doch um mit meiner Geschichte fortzufahren: Der Engel war tot; und was blieb? Sie mögen meinen, das, was blieb, sei etwas ganz Einfaches und Gewöhnliches – eine junge Frau in einem Schlafzimmer mit einem Tintenfass. Mit anderen Worten, nun, da sie sich der Falschheit entledigt hatte, musste diese junge Frau bloß sie selbst sein. Ah, aber was ist »sie selbst«? Ich meine: Was ist eine Frau? Ich versichere Ihnen, ich weiß es nicht. Ich glaube auch nicht, dass Sie es wissen. Ich glaube, dass überhaupt niemand es wissen kann, ehe sie sich nicht in allen Künsten und Professionen ausgedrückt hat, zu denen der Mensch befähigt ist. Das ist nun wirklich einer der Gründe, warum ich hierhergekommen bin: Aus Achtung vor Ihnen, die Sie dabei sind, uns durch Ihre Wagnisse zu zeigen, was eine Frau ist; die Sie dabei sind, uns durch Ihre Fehlschläge und Ihre Erfolge diese äußerst wichtige Erkenntnis zu vermitteln.

Doch nun weiter mit der Geschichte meiner beruflichen Erfahrungen. Ich bekam für meine erste Rezension ein Pfund und zehneinhalb Schillinge und kaufte mir von dem Erlös eine Perserkatze. Dann wurde ich ehrgeizig. Eine Perserkatze ist ja gut und schön, sagte ich mir, aber eine Perserkatze ist nicht genug. Ich muss ein Auto haben. Und also wurde ich Romanautorin – denn kurioserweise sind Menschen bereit, einem ein Auto zu geben, wenn man ihnen eine Geschichte erzählt. Und noch kurioser ist es, dass es nichts auf der Welt gibt, was so schön ist wie das Geschichtenerzählen. Es macht viel mehr Freude, als Besprechungen berühmter Romane zu schreiben. Und dennoch muss ich, wenn ich Ihrer Vorsitzenden gehorchen und von meinen beruflichen Erfahrungen als Romanautorin erzählen soll, eine äußerst seltsame Erfahrung schildern, die mir als Romanautorin widerfuhr. Und um sie zu verstehen, müssen Sie zunächst einmal versuchen, sich in den geistigen Zustand einer Romanautorin hineinzuversetzen. Ich hoffe, ich verrate kein Berufsgeheimnis, wenn ich sage, dass ein Romanautor sich vor allem anderen wünscht, so wenig bewusst wie möglich zu sein. Er muss sich in einen Zustand andauernder Lethargie versetzen. Er will ein Leben, das mit größter Ruhe und Regelmäßigkeit vonstattengeht. Er will dieselben Gesichter sehen, dieselben Bücher lesen, dieselben Dinge tun, Tag für Tag, Monat für Monat, solange er schreibt, damit ja nichts die Illusion zerbreche, in der er lebt; damit ja nichts den ach so scheuen und flüchtigen Geist, die Phantasie in ihrem mysteriösen Wittern, Umhertasten, Lospreschen, Vorstoßen und plötzlichen Innewerden störe oder behindere. Ich vermute, dieser Zustand ist bei Männern wie bei Frauen der gleiche. Wie dem auch sei, ich möchte, dass Sie sich vorstellen, wie ich in einem Trancezustand an einem Roman schreibe. Ich möchte, dass Sie sich ein Mädchen vor Augen rufen, das mit einer Feder in der Hand dasitzt, die sie minuten-, ja stundenlang nicht ein einziges Mal ins Tintenfass tunkt. Das Bild, das mir in den Sinn kommt, wenn ich an dieses Mädchen denke, ist das Bild eines Fischers, der traumversunken am Rand eines tiefen Sees liegt und seine Rute über das Wasser hält. Es ließ seine Phantasie ungehindert um jeden Fels und in jeden Winkel der Welt streifen, die in den Tiefen unseres unbewussten Seins verborgen liegt. Und nun kam die Erfahrung, die Erfahrung, von der ich glaube, dass sie für schreibende Frauen weit gewöhnlicher ist als für Männer. Die Schnur sauste dem Mädchen durch die Finger. Seine Phantasie war davongestürmt. Sie war in die Senken, die Tiefen, die dunklen Stellen vorgedrungen, wo die größten Fische schlummern. Und dann gab es einen Knall. Es gab eine Explosion. Es gab Schaum und Konfusion. Die Phantasie war an etwas Hartes gestoßen. Das Mädchen wurde aus seinem Traum gerissen. Sie befand sich in einem Zustand akutester und schwierigster Not. Um es ohne Bild zu sagen: Sie hatte an etwas gedacht, etwas, was vom Körper handelte, von den Leidenschaften, und was zu äußern sich für sie als Frau nicht gehörte. Männer, sagte ihr ihr Verstand, wären schockiert. Das Bewusstsein dessen, was Männer über eine Frau sagen, die ehrlich über ihre Leidenschaften spricht, hatte sie aus ihrem Zustand künstlerischer Unbewusstheit herausgerissen. Sie konnte nicht mehr schreiben. Die Trance war vergangen. Ihre Phantasie konnte nicht mehr arbeiten. Dies, so meine ich, ist eine äußerst übliche Erfahrung unter Schriftstellerinnen – sie werden durch die extreme Konventionalität des anderen Geschlechts behindert. Denn obschon Männer sich in diesen Dingen klugerweise selbst große Freiheit erlauben, bezweifle ich, dass sie die extreme Strenge, mit der sie eine ebensolche Freiheit bei Frauen verurteilen, erkennen oder zu zügeln vermögen.

Das waren nun also zwei Erfahrungen, die ich selbst gemacht habe. Das waren zwei von den Abenteuern aus meinem Berufsleben. Das erste – die Ermordung des Engels im Haus – meine ich bestanden zu haben. Der Engel ist tot. Das zweite jedoch, das Abenteuer, mit Wahrhaftigkeit von meinem eigenen Erleben als Körper zu sprechen, habe ich meiner Ansicht nach noch nicht bestanden. Ich bezweifle, dass es überhaupt schon eine Frau bestanden hat. Die zu überwindenden Hindernisse sind nach wie vor ungeheuer mächtig – und trotzdem sehr schwer zu definieren. Was ist, äußerlich betrachtet, einfacher als Bücher zu schreiben? Welche Hindernisse gibt es, äußerlich betrachtet, für eine Frau, die es für einen Mann nicht gibt? Innerlich jedoch, denke ich, liegt der Fall ganz anders; sie hat noch gegen viele Gespenster zu kämpfen, viele Vorurteile zu überwinden. Ja, ich denke, es wird noch geraume Zeit dauern, bis eine Frau sich hinsetzen kann, um ein Buch zu schreiben, ohne auf ein Phantom zu treffen, das erschlagen werden muss, oder einen Felsen, an dem sie sich stößt. Und wenn das in der Literatur so ist, dem freiesten aller Berufe für Frauen, wie ist es dann in den neuen Berufen, in die Sie nun zum ersten Mal vordringen?

Das sind die Fragen, die ich Ihnen, wenn ich Zeit hätte, gern stellen würde. Und wenn ich Ihr Augenmerk ausdrücklich auf meine persönlichen beruflichen Erfahrungen gelenkt habe, so weil ich meine, dass sie, wenn auch in anderer Form, auch die Ihren sind. Selbst wenn der Weg nominell offensteht – wenn es nichts gibt, was eine Frau daran hindert, Ärztin, Anwältin, Staatsbeamtin zu werden –, lauern, wie ich glaube, viele Phantome und Hindernisse auf ihrem Weg. Über sie zu sprechen und sie zu benennen ist, denke ich, von großem Wert und großer Bedeutung; denn nur dann lässt sich die Mühe teilen, lassen sich die Schwierigkeiten bestehen. Doch darüber hinaus ist es wichtig, den Zweck und die Ziele zu diskutieren, für die wir kämpfen, für die wir gegen diese gewaltigen Hindernisse zu Felde ziehen. Diese Ziele können nicht als selbstverständlich angesehen werden; sie müssen ständig infrage gestellt und überprüft werden. Die ganze Situation, wie ich sie sehe – hier in diesem Saal, umgeben von Frauen, die zum ersten Mal in der Geschichte ich weiß nicht wie viele verschiedene Berufe ausüben –, ist von außerordentlichem Interesse und Belang. Sie haben sich in einem Haus, das bisher ausschließlich in männlichem Besitz war, eigene Zimmer erobert. Sie sind, wenn auch nicht ohne beträchtliche Arbeit und Mühe, in der Lage, die Miete zu zahlen. Sie verdienen sich Ihre 500 Pfund im Jahr. Doch diese Freiheit ist bloß ein Anfang; das Zimmer ist Ihr Eigen, aber noch ist es leer. Es muss möbliert werden; es muss tapeziert werden; es muss mit anderen geteilt werden. Wie werden Sie es möblieren, wie werden Sie es tapezieren? Mit wem werden Sie es teilen und zu welchen Bedingungen? Das sind, denke ich, Fragen von höchstem Belang und Interesse. Zum ersten Mal in der Geschichte sind Sie in der Lage, sie zu stellen; zum ersten Mal können Sie selbstständig entscheiden, wie die Antworten lauten sollten. Gern würde ich bleiben und diese Fragen und Antworten diskutieren – doch nicht heute Abend. Meine Zeit ist um, und ich muss enden.

Aus dem Englischen von Karen Nölle

Nora Gomringer

Reisen und Schreiben

Wie der große G. nach I.
runterfahren und die
Füße in R. und V. wandern
lassen. Dabei aber viel
an den Leib denken und sich
sehnen. Klagend Lieder singen
von noch Unerfülltem.
Ich komme nach.

Farbverbrechen
– Ein Krimi aus dem Milieu

Blau und Grün reden
Gelb verstehen und Rot ausgrenzen
Himmelblau schlagen und Grau verhören
Ocker schweigen und Marine verpfeifen
Türkis sammeln und Pink ablichten
Weiß ächten
Schwarz erschießen
Karmesin vorladen und Violett vernehmen
Orange einsperren und Beige verurteilen
Lila schmieren und
kurz darauf im
Regenbogen
untertauchen.

Tove Jansson

Die Hauptrolle

Es war die größte Rolle, die sie jemals angeboten bekommen hatte, aber sie gefiel ihr nicht, die Figur sagte ihr nichts. Eine unbedeutende, ängstliche Frau mittleren Alters, ein verhuschtes Wesen ohne jede Persönlichkeit! Im dritten Akt gab es eine kurze Szene, wo sie ausspielen konnte, aber der ganze Rest! Ein Schatten – einen Schatten spielen, wenn man zum ersten Mal eine Hauptrolle bekam. Sie rief Sanderson an und sagte: Ich bin es, Maria. Ich bin die Rolle durchgegangen und ich finde sie blass. Da passiert ja nichts. Das mag vielleicht Literatur sein, aber es ist auf keinen Fall Theater.

Ich wusste, dass du so reagieren würdest, antwortete Sanderson. Ich habe es erwartet. Aber jetzt hör mir mal gut zu. Das ist deine Chance, und du wirst sie ergreifen. Und es ist Theater, richtig gutes Theater.

Soso, sagte sie. Das ist ja interessant. Er hat da eine seiner Erzählungen ausgewalzt. Er kann keine Stücke schreiben.

Das lass mal lieber unsere Sorge sein, antwortete Sanderson. Er hatte beschlossen, mit Maria die harte Tour zu fahren. Sie verstand etwas von ihrem Beruf, und sie konnte Anweisungen umsetzen, aber viel mehr war da nicht, und das musste man ihr klarmachen. Er sagte: Du kannst der Regie vertrauen. Lies es noch einmal durch, und ruf mich an. Wir müssen es diese Woche entscheiden, dann muss der Spielplan für den Herbst stehen.

Zwei Tage später rief Maria Mickelson ihn an und akzeptierte die Rolle.

Es war noch sehr früh im Sommer, und Maria war ins Ferienhaus gefahren, um alles herzurichten. Das Wetter war scheußlich, ein eiskalter Nebel, genauso grau und undurchdringlich wie die Rolle der Ellen. Unten am Bootssteg verschwand das Schilf in einem leeren Nichts, die Fichten waren schwarz vor Nässe. Der Nebel drang bis ins Haus. Das Holz im Kamin wollte nicht brennen. Sie gab auf, schenkte sich einen Drink ein und setzte sich mit dem Mantel um die Schultern aufs Sofa. Dieses ganze Haus war ein Irrtum, es war zu groß, zu unmodern, zu weit weg von der Stadt. Hans mochte es, es war das Haus seiner Kindheit und so weiter. Am Wochenende fischen können, Abendessen und Sauna für die Kollegen von der Arbeit. Joviales Gerede mit den Lotsen und Fischern. Na, wie war der Winter? Gehen die Felchen ins Netz? Zieht es sich da nicht zu einem Südwest zusammen?

Sie hatte mit ihm gesprochen. Verstehst du denn nicht, wie allein man hier ist? Ich interessiere mich nicht fürs Fischen und auch nicht für den Garten. Hier gibt es keine Nachbarn, mit denen man reden könnte. Und er schlug vor: Warum lädst du dir nicht jemanden ein? Jemanden vom Theater. Oder aus deiner Verwandtschaft? Du kennst doch so viele Leute. Das stimmte. Aber sie interessierten sie nicht besonders. In der Stadt waren sie ganz erträglich, aber nicht auf so engem Raum wie in einem Sommerhaus. Sie hatte es versucht. Und sie war jedes Mal erleichtert gewesen, wenn sie endlich wieder abreisten. Die Verwandten kamen schon gar nicht infrage, nichtssagende, glattgebügelte Kleinbürger, die sie bewunderten, irgendwie, aber ohne jede Ahnung von ihrer Arbeit. Ist es nicht wunderbar, Schauspielerin zu sein? Was für ein spannendes Leben. Ich könnte nie im Leben auf der Bühne stehen! Und so viel auswendig lernen ... Nur ihre Cousine Frida schwieg. Schwieg und verehrte sie. Eine graue Maus mit ängstlichen Augen.

Maria zog den Mantel fester um die Schultern und nahm ihr Glas. Und da hatte sie eine Eingebung, eine ganz einfache, klare Idee. Sie stellte das Glas wieder ab und saß ganz still. Cousine Frida. Cousine Frida war das ideale Vorbild für die Rolle der Ellen. Sie *war* Ellen. Die Gesten, die Art zu gehen, die Kopfhaltung, die Stimme, alles! Maria Mickelson musste lachen, sie leerte ihren Drink und stand auf. Sie ging zum Spiegel und schaute sich an, ihr gepflegtes ebenmäßiges Gesicht, in dem das beginnende Alter ein erstes feines Netz um Augen und Mund gezeichnet hatte. Andere Haare, braun und schlecht geschnitten wie Fridas ... die Schultern hochgezogen, hilflose Handbewegungen ... wie bewegte Frida gleich wieder ihre Hände, wie war diese verstohlene unbewusste Geste zum Mund? Und wie hielt sie ein Glas? Wie setzte sie sich auf einen Stuhl?

Wie wäre es damit: Liebe Cousine Frida, viel zu lange haben wir nichts voneinander gehört. Wir sollten den Kontakt doch nicht ganz verlieren, nicht wahr? Ich hätte Dir einen netten Vorschlag zu machen und hoffe, Du bist einverstanden. Könntest Du Dir nicht ein paar Tage freinehmen und mich hier eine Woche oder so besuchen? Es grünt schon überall, und bald wird es auch warm werden ...

Aber es wurde nicht warm. Das Haus war immer noch in dichten Nebel gehüllt, als Frida eintraf. Maria beobachtete, wie sie vorsichtig aus dem Bus stieg, die übertriebene Dankbarkeit, als der Fahrer ihr mit dem Koffer half. Die Kleider stimmten genau. Perfekt. Nicht zu bescheiden, es gab den Versuch einer gewissen Eleganz, ein fehlgeschlagener Versuch.

Die Brille muss ich weglassen, das wird zu viel. Aber den Blick über die Brille kann ich behalten.

Willkommen, sagte sie. Wir haben uns wirklich lange nicht gesehen. Lass mich den Koffer nehmen. Es ist nicht weit ...

Nein, auf gar keinen Fall, rief Frida aus. Das kommt überhaupt nicht infrage! Sie war sichtlich nervös. Wie nett von dir, mich einzuladen, sagte sie. Wo du doch so viele Leute kennst.

Der Fichtenwald war sehr dunkel, die Bäume standen dicht um sie herum.

Ich muss meine Beobachtungen aufschreiben. Wie unbedeutend auch immer, das ist das Wichtigste. Jeden Tag.

Sie sagte: Ich bin gespannt, wie dir dein Zimmer gefällt. Es geht aufs Meer. Es ist ein bisschen kühl, aber ich habe ein Feuer im Kamin gemacht.

Wie lieb von dir, antwortete Frida. Aber das wäre wirklich nicht nötig gewesen, ich friere eigentlich selten ... ich meine, normalerweise ... Unfertiger Satz, die Stimme schwindet gegen null.

Alles kein Problem, sagte Maria. Ich bin aufrichtig froh, dass du da bist.

Das Sommerhaus war hoch und recht schmal, weiß gestrichen, mit schwarzem Dach. Eine steile Treppe führte zur langen Veranda hinauf. Bei schlechtem Wetter war es ein düsteres Haus, es drängte sich gegen eine Wand aus Fichten. Vor der Veranda fiel das Gelände steil ab zum Bootssteg und zum Wasser.

Ist das wirklich das Meer?, fragte Cousine Frida scheu und blinzelte in den Nebel. Ich habe noch nie richtig am Meer gewohnt.

Das Meer ist weiter draußen, erklärte Maria. Aber unsere Bucht ist ziemlich groß. Das Boot ist in Reparatur, sobald es etwas wärmer wird, holt Hans es her.

Aber jetzt im Nebel ist es auf jeden Fall fast wie am Meer, sagte ihre Cousine und lächelte. Das Lächeln verwandelte ihr

Gesicht, es war mit einem Mal entspannt und freundlich. Sie drehte sich um und betrachtete das Haus, den Koffer hielt sie mit beiden Händen vor dem Körper.

Das Haus zeigt sich im Moment nicht von seiner besten Seite, sagte Maria aus einer plötzlichen Verstimmung heraus. Es ist wie gemacht für große Partys, du solltest es sehen, wenn wir Gäste haben, Lampen in allen Fenstern, Laternen an der Veranda und bis hinunter zum Steg! Dann ist hier was los ... Boote legen an und ab, manchmal sogar aus Schweden.

Frida nickte eifrig, sie schaute beinahe erschrocken drein.

Was ist nur mit mir los, versuche ich, ihr Eindruck zu machen, wie dumm ...

Hier ist es kalt, sagte Maria. Lass uns ins Haus gehen. Du hattest eine lange Reise.

Man hätte sie natürlich mit dem Auto abholen können. Aber warum eigentlich. Das hätte sie nur verlegen gemacht.

Im offenen Kamin brannte ein Feuer. Jetzt in der ersten Dämmerung waren ein paar Lampen an, abgeschirmte Lichtkreise, die die Farben des großen Raums weich und warm erscheinen ließen. Vor dem Kamin stand ein niedriger Tisch mit Flaschen und Gläsern. Frida blieb in der Tür stehen und schaute sich schweigend um. Sie machte ein paar vorsichtige Schritte und verharrte bei einer Vase mit gelben Rosen. Blumen, sagte sie, ich hätte Blumen kaufen sollen. Ich hatte noch daran gedacht, aber dann ... Ihre Stimme sank und wurde leise und tonlos.

Maria betrachtete sie fasziniert. Ich werde dir dein Zimmer zeigen, sagte sie. Du möchtest bestimmt deine Kleider aufhängen. Dann genehmigen wir uns vor dem Essen einen Drink.

Maria Mickelson war eine gute Gastgeberin, sie war es gewohnt, Pausen in der Konversation zu füllen, sie machte es automatisch und mühelos. Ihr Gast aß sehr wenig, sie hörte Maria zu, die Augen auf Marias Gesicht gerichtet, allmählich kam ihr Lächeln wieder zum Vorschein, die steife Haltung wurde weicher. Jetzt glich sie Ellen nicht mehr so sehr. Maria merkte es und verstummte, es war ein höflich aufforderndes Schweigen. Dann ist es eben still, sie muss allein zurechtkommen. Ich habe schon zu viel geredet.

Draußen hatte es zu regnen begonnen, der Regen prasselte leise auf das Blechdach. Maria wartete. Sie sah, wie Frida sich ängstlich zusammenkauerte, im Essen herumstocherte und verzweifelt nach etwas zu sagen suchte, schließlich kam es, schnell und mit zu lauter Stimme: Ich habe dich in deinem letzten Stück gesehen.

Wirklich?

Du warst wunderbar. Du spielst so – natürlich.

Findest du?

Ja.

Das freut mich zu hören, sagte Maria und ließ es wieder still werden.

Frida hatte rote Flecken im Gesicht, sie nahm ihr Weinglas, trank schnell, die Hand zitterte.

Ich muss den Rücken gerade halten, obwohl ich die Schultern nach vorne und nach oben ziehen sollte. Und diese

Bewegung mit dem Hals, als ob der Kragen zu eng wäre und sie zu ersticken drohte. Das ist gut. Sie fragte gnädig: Gehst du oft ins Theater?

Frida antwortete: Ja. Aber hauptsächlich, wenn du mitspielst. Wieder das Lächeln. Eine enorme und aufrichtige Bewunderung. Es war nicht einfach, Cousine Frida nicht zu mögen. Natürlich reizte sie einen und wäre in Kombination mit anderen Gästen eine Katastrophe, aber sie hatte auch etwas sehr Entwaffnendes. Das war so verschreckt worden, dass es fast nicht zu merken war. Es kam nur hervor, wenn sie lächelte.

Nach dem Essen wollte sie abwaschen, sie insistierte, bettelte, und als Maria schließlich nachgab, war ihre Dankbarkeit beinahe peinlich. Cousine Frida wurde plötzlich ein ganz anderer Mensch, jetzt, wo sie etwas zu tun hatte. Sie bewegte sich rasch, sie arbeitete sicher und unaufgeregt, und merkwürdigerweise schien sie in der fremden Küche sofort alles zu finden.

Ich freue mich, dass ich helfen kann, sagte sie. Ich kann sehr gut kochen, und am meisten Spaß macht es mir, wenn ich ein Feuer richte und es mit *einem* Streichholz zum Brennen bringe. Ich stehe morgens gerne früh auf. Was trinkst du, Kaffee oder Tee?

Maria saß auf der Holzkiste und rauchte. Die Küche war plötzlich verändert, sie war auf einmal ein freundlicher und gemütlicher Ort.

Dass ich auf dem Land sein darf, sagte Frida. Und mit dir zusammen. Das hätte ich nie gedacht. Es ist ein großes Erlebnis.

Später, als Maria allein in ihrem Zimmer war, holte sie ein Notizheft hervor und schrieb ein paar Seiten. Sie versuchte, sich an jede Nuance in den Gesten und im Tonfall zu erinnern, an die Blicke, die Pausen. Sie übte vor dem Spiegel. So war es richtig. So war es perfekt. Die Hand vor dem Mund, der angespannte Hals ... sie versuchte auch, Fridas Lächeln nachzuahmen. Aber das gelang ihr nicht, das gehört nur Frida.

Es war ein Fehler gewesen, Frida den Haushalt zu überlassen. Sie glich Ellen immer weniger, sie überspielte ihre stumme Hilflosigkeit, indem sie über Haushaltsdinge plauderte, sie war ständig in Bewegung, räumte auf, bereitete die Mahlzeiten zu, kehrte Fichtennadeln von der Veranda, harkte Laub, putzte Töpfe, brachte Holz ins Haus. Und jedes Mal, wenn sie etwas gemacht hatte und davon berichtete, hatte sie diesen braunen Hundeblick, unterwürfig, aber erwartungsvoll: Cousine Frida wollte gelobt werden. Maria hatte keinerlei Nutzen mehr von ihr. Nach zwei Tagen rief sie Hans an und bat ihn, Frau Hermanson herauszuschicken. Ich weiß, sagte Maria, sie sollte eigentlich erst später kommen. Aber ich brauche Hilfe im Haus. Kannst du diese Woche nicht auswärts essen?

Kein Problem, sagte Hans, er war ein netter Mensch. Wie läuft es mit deiner Cousine?

Gut, sagte Maria, es war eine gute Idee, sie herzubitten.

Frau Hermanson kam und nahm die Küche in Besitz, die Feuer, das Putzen, alles. Und Frida kroch zurück in die Rolle, die ihr zugedacht war. Abends saßen sie wieder vor dem offenen Kamin, und Maria war sehr schweigsam. Sie betrachtete ihre Cousine.

Mir ist etwas eingefallen, sagte Frida. Hast du etwas, das repariert werden muss?

Nein, ich glaube nicht.

Ich habe nur gedacht... Der Nebel hat sich noch nicht verzogen.

Nein.

Ich sollte es vielleicht nicht fragen, sagte Frida, sehr leise, aber hast du zurzeit eine Rolle? Ich meine, wenn du das nächste Mal spielst...

Ja, antwortete Maria. Im Herbst kommt ein neues Stück. Ich habe die Hauptrolle.

Oh. Das ist dann deine erste richtige.

Na ja, sagte Maria leicht verärgert. Wie man es nimmt. Sie beugte sich vor, stocherte im Feuer und fragte über die Schulter nach hinten: Und woher weißt du das?

Frida antwortete nicht sofort, sie war erschrocken. Nach einer Weile sagte sie: Ich habe alles über dich ausgeschnitten. Und ich finde, man hat dir zu kleine Rollen gegeben. Und sie schreiben auch nicht, wie es sich gehört. Wirklich nicht.

Maria stand auf und ging zum Tisch mit den Getränken, sie schenkte sich einen Drink ein und trank ihn stehend, den Blick auf das regennasse Verandafenster gerichtet.

Habe ich etwas Falsches gesagt?, fragte Frida kaum hörbar.

Nein, wieso? Maria kam wieder zum Feuer, ihre Stimme war sehr kühl. Sie war ihr Experiment plötzlich leid. Wenn ich nur wüsste, sagte sie, wenn ich nur wüsste, warum Hans diese Bruchbude behalten will. Man langweilt sich zu Tode. Am schlimmsten ist es abends.

Frida verkroch sich in ihrem Sessel.

Das ist gut. Soll sie nur glauben, dass sie an allem schuld ist. Genau wie Ellen. Im zweiten Akt, wo sie nicht kapiert, wie gemein sie zu ihr sind ...

Maria setzte sich langsam und streckte die Hände zum Feuer. Natürlich, sagte sie, natürlich könnte ich ihn dazu überreden, das Haus zu verkaufen und etwas Kleineres, Moderneres und näher an der Stadt zu kaufen. Aber dann hätte ich vielleicht ein schlechtes Gewissen ... Sie drehte sich rasch zu Frida um und fragte: Hast du manchmal ein schlechtes Gewissen?

Ja. Die Antwort war kaum mehr als ein Ausatmen.

Oft?

Ich weiß nicht ... vielleicht ständig. Irgendwie ... Sie faltete die Hände über dem Bauch, als ob sie Schmerzen hätte. Das Kinn gesenkt und das Gesicht ganz abgewandt.

Aber du bist so ein netter Mensch. Weswegen könntest du ein schlechtes Gewissen haben?

Das ist es ja gerade, antwortete Frida. Sie war blass geworden. Ich habe nie etwas gemacht, überhaupt nichts, weder so noch so.

Und warum nicht? Maria betrachtete sie unverwandt.

Vielleicht habe ich mich nicht getraut ... ich weiß nicht ...

Frau Hermanson trat ein und zog die Vorhänge zu, sie schloss die Verandatür und sagte gute Nacht. Sie hörten ihre Schritte in der Küche, Türen wurden geschlossen. Maria schenkte ein kleines Glas puren Whisky ein. Da, trink das, sagte sie. Trink es in einem Zug wie Medizin, dann wird es dir bessergehen.

Frida starrte das Glas an, streckte die Hand aus und fing an zu weinen, mit langen gequälten Schluchzern. Entschuldige, weinte sie, das ist ja schrecklich ... so peinlich ... aber du bist so lieb, ich verstehe gar nicht, warum du so lieb zu mir bist ...

Maria wartete mit unbewegtem Gesicht. Als es vorbei war, sagte sie: Trink jetzt aus. Und dann gehen wir schlafen, du bist müde, das ist alles. Nimm vor dem Schlafengehen ein Aspirin.

Der Nebel hatte sich gelichtet, die Sommernacht war jetzt tiefblau. Maria lag auf ihrem Bett und las ihre Rolle, ganz langsam, dann las sie sehr sorgfältig die Sätze von Cousine Frida, einen nach dem anderen, sie passten erschreckend genau. Es war eine gute Rolle, eine sehr gute. Aber sie war schwer. Maria verstand jetzt, dass die Frau, die sie spielen sollte, nicht nur unterwürfig und unbedeutend war. Sie besaß eine Eigenschaft, die man nur selten beim Namen nennt, natürliche Güte. Sie verbarg sich in Fridas Lächeln, aber hatte noch nie zur Wirkung kommen können, es war eine eingeschlossene, verkrampfte Großzügigkeit.

Aber wie lebt Cousine Frida? Was macht sie eigentlich? Ich weiß nichts über sie ...

Marias Gedanken schweiften ab, sie legte das Textbuch beiseite. Da wurde auf einmal die Stille im Haus beklemmend, und von einer unbestimmten Unruhe getrieben stand sie auf und öffnete die Tür zum Flur. Kein Lichtstrahl unter der Tür des Gastzimmers. Frida schlief. Oder weinte sie? Maria ging hin und lauschte. Nein, nichts. Sie war erleichtert.

Eigentlich schade, dass sie Frau Hermanson hatte kommen lassen. Nun ja. Sie konnte Cousine Frida ein paar Bettlaken zum Stopfen geben. Noch nicht morgen, vielleicht. Aber bald. Und ihr vielleicht etwas erzählen, Geschichten aus dem Theater. Das mögen die Leute.

Aus dem Finnlandschwedischen von Regine Elsässer

Janet Frame

Ich liebe die Grillen nicht

Wenn ich schreibe, meine ich, ich müsste von der Vorstellung ausgehen, dass ich die Menschen liebe, über die ich schreibe. Ich liebe sie, ich empfinde tiefes Mitgefühl für sie, es steht mir nicht zu, sie verändern zu wollen. Leider habe ich ein Problem: Mit dem Älterwerden fällt es mir schwerer, »Menschen« zu lieben, sie mit Wohlwollen und Anteilnahme zu betrachten. Ich nehme Anstoß, ich bedaure sie, ich frage mich, was sie in ihrem Leben »sehen«, ich empfinde ihre Lebensweise als »arm«, während meine »reich« ist; und manchmal liebe ich sie ganz und gar nicht, sondern hasse sie – nicht genug, um den Hass zur effektiven Kehrseite der Liebe zu machen, sondern bloß mit einem Mitleidshass, dem es lieber wäre, mir blieben die Leute aus den Augen.

Aus diesem Grund sagte ich mir: Bevor ich den nächsten Roman oder die nächste Erzählung schreibe, muss ich den Weg zur Liebe zurückfinden. Wenn Menschen in Geschichten weinen, weine ich mit, wenn sie in Not sind, bin auch ich in Not. Wenn mein Nachbar stolpert, finde ich, es geschieht ihm recht, oder, vielleicht weniger hart, ich verschwende darauf schlicht weder tiefe Gedanken noch Gefühle. Jemand, der im Gebirge oder in den Wellen stirbt, hat den Tod durch Dummheit »provoziert«.

Was für ein merkwürdiges Jahr dies für mich ist! Ich habe mich so sehr bemüht, meinen Weg zu der Herzenswärme zurückzufinden, die ich für das Schreiben zu brauchen meine. Ich habe mir ein weißes Kätzchen gekauft, für 75 Cents, heruntergesetzt von einem Dollar. Es wurde mein Kamerad. Ich kümmerte mich darum und begegnete ihm mit Respekt, und nun ist es zu einem angenehmen Gesellen geworden, für den ich nur die Verantwortung habe, ihn gemütlich und wohlversorgt zurückzulassen, wenn ich für ein paar Tage in die Stadt fahre. Manchmal legt es sich hin wie tot, und dann sehe ich es tot und denke ruhig, vielleicht werde ich mir ein neues besorgen, vielleicht nicht, mal sehen.

Der Mann, von dem ich dieses Haus gekauft habe, ist blind geworden. Ich habe ihn nie kennengelernt. Manchmal denke ich mit flüchtiger Rührung an ihn: Wie traurig, er wurde blind, er musste das Haus verkaufen. Und dann verspüre ich unwillkürlich das kleine Fünkchen Liebe (was, Sie verstehen, nichts mit persönlichen Sexgeschichten zu tun hat, die sind privat), diese Shelley'sche, diese »Liebt einander oder sterbt«-Form der Liebe, und bin wieder in dem Land, wo das Schreiben beginnt; dankbar, voll Staunen; es kann sogar passieren, dass ich echte Tränen weine, weil ich denke: Dies ist der einzig wahre Ort. Selbstverständlich bekomme ich Zustimmung von den Dienerworten, die solche Orte zum Überleben brauchen und mich zu unterhalten und beruhigen suchen, aber niemals, niemals etwas tun, um den Quell der Liebe und der Tränen zu verschließen. Und dann schaue ich mich in meinem Haus nach Spuren des erblindenden Mannes und seiner Familie um. Sie hatten sieben Betten oder »Schlafgelegenheiten«, wie es in den Anzeigen stand. Sie lasen *Reader's Digest* und *Woman's Weekly* (in der britischen Ausgabe), *Woman's Day* und *Boating World*. An nassen Tagen spielten sie Karten. Sie surften und schwammen. Sie verbrachten ihre Zeit wie jede andere Sommerurlaubsfamilie in einem Ferienhaus am Strand. Warum kamen sie her? Was war er von Beruf? Warum wurde er blind?

Ein Nachbar berichtet mir: »Er hatte Probleme mit den Augen. Der arme Mann. Ein Wochenende haben wir sie gesehen, die ganze Familie, Sohn, Töchter und Enkelkinder, wie sie halfen, die Betonauffahrt zur Garage zu gießen, mit eigenen Händen. Mit eigenen Händen.«

Weder davor noch danach hat sonst jemand mit mir über sie geredet. Ich weiß nur, was ich mutmaße, und dass sie eigenhändig die Betonauffahrt gegossen haben, an nur einem Wochenende. Dies wurde mir in einem Ton der Ehrfurcht und Bewunderung berichtet. Ich glaube, ich habe die Reaktion gezeigt, die von mir erwartet wurde: »Nein, wirklich?« So als wären sie um die Welt gesegelt oder zum Mond geflogen.

Meine leise Neugier und Anteilnahme entfalten sich nicht zu Liebe. Ich spüre vielmehr den Stumpfsinn eines Lebens, von dem nur das familiär gemeinschaftliche Betongießen eines Wochenendes in Erinnerung geblieben ist. Meine Arroganz (eine für eine Schriftstellerin verbotene Eigenschaft) verwehrt mir den Eintritt in die Seele des Mannes und seiner Familie. Ich sage: »Oh, ich würde vor Langeweile sterben.« Worin bestanden ihre Gedanken, was hatten sie für Träume, wenn eines der denkwürdigen Ereignisse ihres Lebens im Betonieren der Auffahrt bis zum Garagentor bestand? Dann fällt mir ein, dass sie Lärm gemacht haben werden, Sonntagslärm vermutlich, und das bringt mich auf, denn das Land des Schreibens ist frei von Lärm. Wie gut ich das Mahlen und Rattern der Heimwerkerbetonmischer kenne. Früher hieß es, es sollte in jedem Haus ein Konversationslexikon geben. Das könnte man hier genauso von Betonmischern oder Motormähern oder Kreissägen oder Bohrmaschinen sagen.

Was an den Gewohnheiten der Menschen meiner Umgebung soll mich nur dazu bewegen, sie so zu lieben, wie ich weiß, dass ich sie lieben muss?

Daher verwerfe ich meine Gedanken über den erblindenden Mann und seine Familie, über das Linoleum, das er im Haus verlegte, über die Pflanzen, die sie im Garten zogen (ich danke ihnen für die fünf Guavensträucher). Ich verwerfe sie, weil meine Arroganz stärker ist als meine Empathie und weil die Einsamkeit und Ruhe, die ich zum Schreiben über die Menschen meiner Umgebung benötige, von ebendiesen Menschen bedroht wird. Da mich die Bedrohungen nun gegen sie einnehmen, kann ich sie nicht so lieben, dass ich ihre menschliche Essenz ergründen will: den ambrosischen Gestank. Immer wieder vergesse ich, »wo man sich bettet, da liegt man« als unumstößliche Tatsache akzeptieren zu müssen.

Das Leben kommt der Kunst in die Quere; das Leben ist der Störenfried. Immer. Und trotzdem plädieren manche ganz unbedarft dafür, dass Künstler sich mehr ins Leben werfen!

Zwei Parzellen weiter hat eine Familie für die Sommerferien ihre Zelte aufgeschlagen. Ich höre sie abends, wenn sie auf ihrer Sonnenterrasse stehen und auf das Meer und die Vulkaninsel schauen und mit ihren hohen, schrillen Städterstimmen rufen wie aufgeregte, freigelassene Vögel: Oh, guck mal, Arthur. Oh, sieh nur, Dorothy. Der Mond ist voll. Die Grillen zirpen und zwitschern. Die Luft ist lau, sanft geschwängert vom Duft der aufgehenden Blüten an den Apfelsinenbäumen und den aus den feriengefüllten Klärgruben und Löchern im Boden entweichenden Gasen. Als ich die Namen höre, Arthur, Dorothy, wird ein Nerv in meinem Innern berührt, dessen Bahn zu einem Geschichtenbunker führt, einer Feuerstellung. Die typischen, ehrlichen Namen entzücken mich, fordern Zuwendung, fordern Verbindlichkeit, bieten sich dem Raubtier in mir als Beute dar. In ihnen liegt keine Scheu, kein Bedürfnis nach einem Großbuchstaben mit Punkt oder einem Großbuchstaben mit Gedankenstrich wie in diesen schrecklichen, geheimnisvollen Geschichten, die etwa so anfangen: »Ich wohnte in Z–, am Ufer der S–, als mir M– zum ersten Mal begegnete.«

Arthur, Dorothy. Ich erfahre, dass sie am Abend ein Grillfest planen. Sie wollen bei Ebbe Muscheln am Strand sammeln, sie draußen im Freien verspeisen und ihr Bier mit Freunden aus der Stadt trinken, die später am Abend eintreffen. Auch sie stehen auf der Sonnenterrasse, schauen aufs Meer und die Vulkaninsel und nennen sich schamlos, laut, beim Namen: Albert, Annie, Shona, Shirley, Ted, Bob …

All diese Namen, in einer langen Reihe mit den Namen anderer Leute, an die ich mich erinnere, den Namen von Phantasiegestalten aus Geburts- und Todesanzeigen der Zeitungen.

Ich stelle das Namensgezeter ab. Ich stöpsle die Nervenbahn zu. Was für langweilige Leben, denke ich. Was für nutzlose langweilige leere seelenlose Leben. Laute Stimmen, laute Radios, hässliche Ferienhäuser, noch hässlichere protzige sogenannte »dauerhafte« Behausungen mit ihren Glasschiebetüren, offenen Balken, Hobbyräumen, Kellergaragen – man hört förmlich die Immobilienmakler. Ranch-Haus, ebenerdig, großzügig, gemütlich.

Ich wende mich ab von Arthur und Dorothy und ihren Gästen. Ich verspüre für die Menschheit keine Liebe mehr. Die Grillen zirpen weiter. Ich liebe die Grillen nicht.

Ich liebe die Grillen nicht.

Ich sehe den Satz als Teil eines Fremdsprachenkurses für Anfänger, eines Sprachführers. Jedermann weiß, dass solche Bücher voll von Beschwerden sind.

Der perfekt geformte, erloschene Vulkan auf der Insel R– steht vor dem Horizont. Ich denke an Gedichte von D– G– aus W– und C– B– aus D–; unsere besten Dichter haben etwas über die Insel R– zu sagen.

Das Geheimnisvolle der Initialen wird zur Absurdität. Eine Geschichte schwimmt auf einem tiefen tiefen Strom der Gefühle, der alles mitreißt: Namen, Initialen, Menschen, ihre Absurditäten, Gesichter, Banalitäten, die nicht mehr banal sind. D– G– W– D–. Wie absurd, so etwas im seichten Gewässer der Halbinsel Wh– zu schreiben!

Gibt es im Leben der Leute um mich herum nichts, was mir ein »Wie furchtbar« oder »Wie wunderbar« entlocken kann, was mir Tag und Nacht keine Ruhe lässt? Wie soll ich jemals lieben, wenn eine Tragödie nur ein flüchtiges »Wie traurig« auslöst? Für mich sind die Leute alle Tragödien, und das Tragische an ihnen ist, dass sie es nicht merken, und das Tragische an mir ist, dass ich in meiner Überheblichkeit meine, ich würde es merken und wäre im Recht, was obendrein wohl meine Wiedergeburt als Pubertierende mit aller pubertären Ungeduld bewirkt, ohne dass diese sich bei mir netterweise in fruchtbaren Hass verwandelt, Hass nur deshalb genannt, weil sein Umschlagen in Liebe nicht zu denken ist ohne die Furcht vor der drohenden Ergebung, die zur Liebe gehört.

Die Lösung ist, Kunst und Leben zu trennen und den Eintritt in die Kunst als Tor zu einem Königreich zu verstehen, als Nadelöhr gar, an dem man das »Ich« ablegt und es als gemeinsames Gewand für alle begreift. Ich liebe die Grille nicht. Ich finde die Schrecke interessant, aber ich liebe sie nicht. So ist es *außerhalb* des Königreichs. Drinnen liege ich, selbst eine Schrecke, geradezu unfassbar zart neben einem nahezu identischen Grashalm. Ich bin lebendig, ich habe Beine und einen atmenden Leib und aufgesetzte Augen, vorstehend, verletzlich. Der Grashalm bewegt sich nur, wenn der Wind geht, und ist – für meinen Körper, meine Augen, meine Farbe – weder mit Leben begabt noch mit mir verwandt, aber ich imitiere ihn dennoch. Ich lege mich neben ihn, sein Abbild ist mein Schutz und meine Rettung. Mit dem Grashalm in meiner Nähe kann ich es wagen, mich ab und an zu bewegen, zu fressen. Ich komme gerne um die Mittagszeit heraus. Was heißt Mittag mehr als Sonne im Gras und an den Hauswänden und für meine winzige Insektenbeute vielleicht, dass sie vom Sonnenlicht benebelt und benommen ist.

Verstehen Sie? Ich, im Körper der Schrecke, sorge mich um sie und liebe sie, weil sie mit mir eins ist. Und übermäßige Vermenschlichung bedeutet nur, dass ich ins falsche Königreich geraten bin, mit dem falschen »Ich«.

Also dann – soll ich Dorothy sein, soll ich Arthur sein? Ich kann mich nicht mehr vor Entsetzen über die Langeweile dieses Lebens schütteln, denn ich selbst bin Dorothy, ich bin Arthur, und wie kann ich leben, wenn ich mir eingestehe, dass mich mein Leben und mein eigenes Ich langweilen? Ich liebe mich von Natur aus selbst. Ein Missgeschick, das diesem Lebens-Ich geschieht, wird für das Kunst-Ich zur

Tragödie. Wir sammelten Muscheln für den Grillabend, wir gruben stundenlang im lehmigen Sand, wir waren beschwipst, aufgekratzt von der Seeluft, und obwohl wir Arthur und Dorothy sind, sind auch Shirley, Shona, Doreen dabei – vielleicht ging mir durch den Kopf, dass ich meine ganzen Ersparnisse hineinsteckte, ich und Dorothy beide, so wie wir die Vorbereitungen angingen – dabei war es schließlich bloß ein Grillabend, so wie man sie in amerikanischen Filmen sieht und im Fernsehen, wo alle Paare lachen und trinken und geistreich sind.

Was konnte ich dafür, dass schon einmal gleich die Hälfte der Muscheln statt mit Fleisch mit schwarzem Sand gefüllt waren? Was hatte es zu bedeuten? Von Anfang an war alles gegen uns.

Am Abend des Grillfests sah ich zu dem Haus hinauf, wo Dorothy und Arthur mit ihren schrillen Städterstimmen auf ihrer Sonnenterrasse gestanden und gerufen hatten.

Leise sagte ich vor mich hin: »Wetten, dass die Hälfte ihrer Muscheln mit Sand gefüllt ist?«

Ich habe nie herausgefunden, ob es so war – man braucht diese Dinge nicht zu erfahren. Ich war zu sehr damit beschäftigt, über Thyra und Cedric nachzudenken, die nebenan in dem großen Haus mit dem Gipspinguin am Tor wohnen. Ich will Ihnen sagen: Eine ganz traurige Geschichte …

Aus dem Englischen von Karen Nölle

Nora Gomringer

Ich werde etwas mit der Sprache machen

Für J. H.

Ich mache jetzt etwas mit der Sprache
Werde jetzt etwas ganz Bestimmtes, Besonderes mit der Sprache machen
Da werden Sie staunen
Ich werde etwas ganz Erstaunliches machen mit der Sprache
Sie werden Ihren Partner an der Hand fassen wollen so ganz und gar erstaunlich
Wird das sein
Auch wenn Sie nicht staunen wollen, weil abgeklärt und aufgeklärt und alles
So wird es doch ganz erstaunlich und unerwartet, ja unvorhersehbar sein
Vielleicht wollen Sie Gott oder Ihre Eltern anrufen
So etwas Erstaunliches, was ich jetzt vorhabe mit der Sprache

Das wird ganz unerhört sein, was ich jetzt mache mit
der Sprache, dieses Etwas
Erstaunlich wird es Ihnen vorkommen, für Ihre Sinne
fast unverständlich
Diese Sprache, meine Sprache, ihr Effekt
Was sie auslösen wird
Ich werde Ihnen etwas vormachen mit Ihrer Sprache
Ihrer durch und durch bekannten Sprache etwas
abringen
Da werden Sie staunen werden Sie da
Darüber, wie ich ringe damit
Ganz unglaublich wird das werden für Sie
Wenn ich da etwas mache mit der Sprache
Was Sie verblüfft und ganz atemlos Ihren Nachbarn
ansehen lassen wird
Ich mache also etwas ganz Außergewöhnliches mit
dieser Ihnen so bekannten
Von Ihnen genutzten Sprache
Das mache ich
Gleich
Sie müssen nur dabeibleiben, wenn ich da jetzt

Ja, Sie könnten sagen, zaubere, vielleicht möchten
Sie sagen,
Dass ich zaubere, so etwas wie Magie liefere
Jetzt mit Ihrer verdammten Sprache
Die Ihnen gefällt, gehört, Ihre ist
Jaja, keine Sorge, das ist Ihre
Da werde ich ganz schöne Vögel oder Sterne draus
zaubern
Per Scherenschnitt
Mit Ihrer Sprache mache ich gar nichts
Wenn Sie jetzt nicht weiter zuhören und dabeibleiben
Schauen Sie doch hin, wenn ich etwas ganz Außer-
gewöhnliches mit der Sprache mache
Schauen Sie doch, wie ich das mache, machen könnte,
was ich machen könnte, wenn Sie mich denn
nur verdammt noch mal ließen
Mit der Sprache ließe sich so viel machen, so Vieles
ganz Unglaubliches
Unerhörtes und wahnsinnig Effektives, wenn Sie mich
nur ließen
Warum lassen Sie mich denn nicht

So wird das natürlich nichts
Nichts Außergewöhnliches, Erstaunliches mit der
    Sprache
So wird das
Gar nichts, sehr bedauerlich, so ganz ohne Zauberei
    wird das nichts mit der Sprache
Wenn Sie nicht dabeibleiben an der unerhörten Sprache,
    der ganz außergewöhnlichen, durch meine
    Arbeit an ihr so veränderten, bekannten, altbekannten
    Sprache, so wird das natürlich etwas ganz
    Anderes, ganz vom Anfangsgedanken Abgekehrtes,
    so wird das nämlich

Nichts

Siri Hustvedt

Being a Man

Im wachen Zustand bin ich eine Frau, aber in meinen Träumen bin ich manchmal ein Mann. Meine Männlichkeit ist selten eine Frage der Anatomie. Ich entdecke nicht etwa, dass mir ein Penis gewachsen und ein Bart gesprossen ist, sondern ich merke erst, dass ich ein Mann bin, wenn ich von der vagen Erinnerung beunruhigt werde, früher eine Frau gewesen zu sein. Mein Geschlecht wird im Traum erst wichtig, wenn es in Zweifel gezogen wird. Zweifel, nicht Gewissheit, ruft zuerst die Frage nach meiner sexuellen Identität hervor und dann das Bedürfnis, das eine oder das andere zu sein, Mann oder Frau. Obwohl es heutzutage chic ist, Träume als bedeutungsloses neurologisches Geplapper abzutun, habe ich, um mich dem anzuschließen, im Schlaf zu viel entdeckt. Es ist offensichtlich, dass meine Träume von Männlichkeit, die zu einem Moment der Verwirrung führen, Aufschluss über geheime Winkel meiner eigenen verkorksten Psyche geben, aber ich glaube, sie können auch als Schlüssel für das Verständnis des größeren kulturellen Terrains dienen, wo die Grenze zwischen Weiblichkeit und Männlichkeit verhandelt wird.

Die meisten von uns akzeptieren die biologischen Gegebenheiten ihres Geschlechts und leben recht und schlecht damit, aber es gibt Zeiten, da wird der Körper wie eine Einschränkung erlebt. Für eine Frau vielleicht dann, wenn sie einen herablassenden Ton in der Stimme eines Mannes hört und sich der Tatsache stellen muss, dass nicht das, was sie sagte, diesen Ton erzeugt hat, sondern ihr Geschlecht. Solch ein Moment ist natürlich nicht leicht zu erkennen, weil jedes soziale Zusammentreffen aufgeladen ist mit Ungesagtem und Ungesehenem. Zwischen zwei Menschen entsteht zwangsläufig ein dritter Bereich, in dem das Geschlecht nur eine einzigen Kraft in einer Myriade wirksamer Kräfte ist, und doch kann sexuelle Voreingenommenheit – genauso wie Neid, Groll, Dünkel oder Rassismus – in einem Raum wie ein Geruch aufgespürt werden, und wenn der Geruch zu stark wird, weckt er eine Fluchtphantasie: Was hätte er wohl gesagt, wenn er mich als Mann gesehen hätte? Ich bin mir sicher, dass es in meinen Männlichkeitsträumen zumindest teilweise um eine Flucht aus den kulturellen Erwartungen geht, die auf der Weiblichkeit lasten, aber ich glaube, sie sind auch etwas Komplexeres, ich glaube, die Träume erkennen eine Wahrheit, dass in mir ebenso ein Mann wie eine Frau ist und dass diese Dualität tatsächlich Teil des Menschseins ist, aber kein Teil, der leicht zu vereinbaren wäre.

In meinen Träumen werde ich von meinem wirklichen Körper nicht eingeschränkt. Ich kann fliegen und habe telekinetische Kräfte. Mir ist ein Fell gewachsen, ich habe klaffende Wunden davongetragen, meine Zähne verloren und genug Blut vergossen, um darin zu ertrinken. Auch beim Schreiben erzählender Prosa lasse ich meinen wirklichen Körper zurück und werde jemand anderes, eine andere Frau oder ein Mann, wenn ich möchte. Für mich war künstlerisches Schaffen immer so etwas wie bewusstes Träumen. Der Stoff für eine Geschichte stammt nicht aus dem, was ich weiß, sondern aus dem, was ich nicht weiß, aus Impulsen und Bildern, die oft ohne mein Zutun aufkommen, ein ganz und gar seltsamer Prozess, der ins Spiel kommt, wenn ich in meinem Werk eine andere Person werde. Dabei besteht der Akt des Schreibens nur in einem: Wörter zu Papier bringen, die von jemand anderem gelesen werden sollen. Am Ende sind die Wörter alles, und streng genommen sind sie geschlechtslos. Im Englischen haben die Nomen, anders als in vielen anderen Sprachen, kein Genus, doch es ist interessant, die Frage aufzuwerfen, ob ein Text männlich oder weiblich sein kann und was ihn zu dem einen oder dem anderen machen würde.

Eltern und alle, die sich länger mit kleinen Kindern befasst haben, wissen, dass es eine Weile dauert, bis eine sexuelle Identität sich verfestigt, und dass Kleinkinder selten wissen, ob sie ein Junge oder ein Mädchen sind. Als meine Tochter drei Jahre alt war, fragte sie meinen Mann, ob sie einen Penis bekommen würde, wenn sie älter wäre. Sie stellte diese Frage in einem Abschnitt ihres Lebens, den ich die Tutu-Stöckelschuh-Phase nenne, eine Ära von Glitter und Gold, Strasskrönchen und Schuhen mit hohen Absätzen aus Plastik. Während die kleinen Jungs ihre Brust aufbliesen und Superheld spielten, trippelte meine Tochter wie eine verrückte, ziemlich verschmierte Ausgabe von Titania durchs Haus. Im selben Alter setzte die Tochter einer meiner Freundinnen eine platinblonde Marilyn-Monroe-Perücke auf und weigerte sich, sie abzunehmen. Sie aß, spielte, ging in den Park, auf die Toilette und ins Bett und hatte immer diese zunehmend versiffte weiße Perücke auf, mit der sie ihrer Mutter zufolge mehr wie Rumpelstilzchen aussah als wie eine blonde Sexbombe. Wie komisch sie für Erwachsene auch aussehen mögen, Kinder spielen mit aller Kraft, um herauszufinden, was sie sind – Junge oder Mädchen –, und sie durchleben den Unterschied über ein oft heftiges imaginäres Geschlechterrollendrama. Trotz des Optimismus einiger Forscher ist eine Antwort auf die Frage, wo die Biologie endet und die Kultur beginnt, wahrscheinlich jenseits der Wissenschaft. Sogar Säuglinge, deren unbegrenzte Existenz die Frage nach sexueller Identität von innen her absurd erscheinen lässt, sind in eine Welt hineingeboren, in der die Junge-oder-Mädchen-Frage von außen ausschlaggebend ist, lautet doch die erste Frage nach der Geburt: »Ist es ein Junge oder ein Mädchen?« Mit anderen Worten: Wir wissen es, bevor sie es wissen. Und was wir wissen, ist Teil eines weiten symbolischen Feldes, in dem die Linien zwischen dem einen und dem anderen durch den linguistischen Akt der Namensgebung gezogen werden. Sobald Kinder sich ihrer selbst als Jungen oder Mädchen sicher sind, tritt androgynere Kleidung an die Stelle der Zorro-Capes, Superman-Trikots, Krönchen und Prinzessinnenkostüme. Die äußerlichen

Abzeichen von Weiblichkeit und Männlichkeit können in dem Moment abgelegt werden, wenn das Wissen um die sexuelle Identität verinnerlicht wurde, und ein Teil dieser inneren Gewissheit äußert sich in Sprache. Ein sechsjähriges Kind kann normalerweise zuversichtlich behaupten, dass er oder sie ein Junge oder ein Mädchen ist, zu einem Mann oder einer Frau heranwachsen wird und, außer er oder sie lässt sich operieren, unterwegs nicht das Geschlecht wechseln wird. Zugleich sind die tiefgreifenderen Bedeutungen von Weiblichkeit und Männlichkeit entschieden zweideutiger. *Männlich* und *weiblich* sind Wörter, die so dichte, so alte, so öffentliche, aber auch so private Assoziationen enthalten, dass es extrem schwierig ist, zwischen beiden eine klare Linie zu ziehen. Allerdings sind die Kategorien männlich und weiblich in der Sprache überaus lebendig und befrachtet mit unseren eigenen kulturellen und persönlichen Geschichten, die sich entwickeln und verändern, so dass es haarsträubend naiv ist anzunehmen, zum Beispiel *Ombudsmann* durch *Ombudsfrau* zu ersetzen werde die Sprache von ihren Geschlechterkonnotationen reinigen.

In meiner Familie waren wir vier Töchter. Meine Eltern hatten vor jeder Geburt den Namen Lars im Kopf, aber es stellte sich heraus, dass sie noch eine Generation auf ihn warten mussten. Der erste Sohn meiner Schwester bekam zu Ehren unseres Großvaters und des nie geborenen Hustvedt-Jungen den Namen Lars. Ich habe oft gedacht, es war einfacher, dass wir alle Mädchen waren. Wäre ein Junge dabei gewesen, wären wir womöglich mit ihm verglichen oder ihm entgegengesetzt worden, und die Unterschiede hätten uns alle eingeschränkt. Wir wurden paarweise geboren. Ich war die Erste. Neunzehn Monate später wurde meine Schwester Liv geboren. Dann folgte ein Abstand von fünf Jahren, bevor Asti kam und nur fünfzehn Monate später Ingrid. Wir vier waren als Kinder sehr eng verbunden und loyal zueinander und sind auch als Erwachsene treue Freundinnen, was für uns mehr oder weniger selbstverständlich war. Andererseits fand mein Mann unsere Harmonie immer bemerkenswert, aber auch irgendwie rätselhaft. Warum gibt es zwischen uns so wenige Konflikte? Als Liv und ich klein waren, spielten wir gerne Katastrophen: Schiffbrüchige, Tornados, Überschwemmungen und Krieg. Liv war immer John und ich immer Mary, was gewöhnlich bedeutete, dass John Mary retten musste. Ich wurde gern gerettet, und wie im Spiel war meine Schwester auch im Leben die Tapfere, nicht ich, und verteidigte mich mehrmals gegen Angriffe anderer Kinder, obwohl ich die Ältere war. Die beiden jüngeren Schwestern waren ein ähnliches Paar. Asti zog im Allgemeinen beim Spielen die Mädchenrolle vor, Ingrid war lieber der Junge. Liv und Ingrid lernten reiten und wurden beide Champions im Amateurrodeo. Liv wurde später Geschäftsfrau, Ingrid Architektin. Asti und ich promovierten, sie in Romanistik, ich in Anglistik.

Dieser kurze Abriss trägt dazu bei, wenn auch bei weitem nicht ausreichend, zu erklären, warum mein Mann nach zehnjähriger Ehe sich eines Morgens im Bett aufsetzte und sagte: »Jetzt ist mir alles klar. Du bist die Frau. Liv ist der

Mann. Asti ist das Mädchen, und Ingrid ist der Junge.« Wir sind inzwischen alle erwachsen, verheiratet und haben Kinder, aber meine Schwestern und ich haben in dieser Feststellung etwas Wahres über unsere Familie erkannt, die vorher nie jemand ausgesprochen hatte. Obwohl wir alle Mädchen waren, stellten wir ein Muster abwechselnd weiblicher und männlicher Eigenschaften unter uns Schwestern her. Bemerkenswert daran war, dass die jeweils Jüngere in jedem Paar jeweils den etwas maskulineren Part übernahm, was dazu beitrug, das Altersdefizit auszugleichen. Die Wirkung war einfach. Die zwischen fast gleichaltrigen gleichgeschlechtlichen Geschwistern typische Rivalität wurde in jedem Paar weitgehend verringert. Man kann unmöglich miteinander wetteifern, wenn man nicht dasselbe Spiel spielt.

Einige Jahre nach dieser prägnanten Einschätzung von mir und meinen Schwestern las ich ein Buch mit gesammelten Aufsätzen von D. W. Winnicott, dem englischen Kinderarzt und Psychoanalytiker, und stieß darin auf einen Vortrag »Über die abgespaltenen männlichen und weiblichen Elemente«, den er 1966 vor der British Psychoanalytical Society hielt. Einleitend heißt es: »Als Grundlage für die Idee, die ich hier vorstellen möchte, behaupte ich, dass Kreativität einer der gemeinsamen Nenner von Männern und Frauen ist. In einer anderen Sprache indes ist Kreativität das Vorrecht der Frauen, und in wieder einer anderen Sprache ist es ein männliches Merkmal. Die letzte der drei Varianten soll uns hier beschäftigen.« Winnicott berichtet nun, wie er eines Tages, während eines Gesprächs mit einem männlichen

Patienten, das Gefühl hatte, ein Mädchen zu hören, und an dieses Mädchen gewandt sagte er: »Ich höre einem Mädchen zu. Ich weiß ganz genau, dass Sie ein Mann sind, aber ich höre einem Mädchen zu …« Der Patient erwiderte: »Wenn ich jemandem von diesem Mädchen erzählen würde, würde man mich für verrückt erklären.« Winnicott tat den nächsten Schritt: »Nicht *Sie* haben das irgendwem gesagt, sondern *ich* sehe und höre das Mädchen reden, während eigentlich ein Mann auf meiner Couch liegt. Der Verrückte bin *ich selbst.*« Der Patient antwortete: »Ich selbst könnte nie sagen: ›Ich bin ein Mädchen‹ (denn ich weiß ja, dass ich ein Mann bin). Ich bin nicht so verrückt. Aber Sie haben es gesagt, und Sie haben zu meinen beiden Teilen gesprochen.«

Winnicotts Deutung dieses außergewöhnlichen Dialogs (bei dem es, wie er betont, nicht um Homosexualität geht) gründet in der Auffassung, dass die verstorbene Mutter des Mannes, die schon einen Sohn hatte, als sie ihr zweites Kind bekam, sich ein Mädchen gewünscht hatte und dem zweiten Baby hartnäckig ein falsches Geschlecht zuschrieb. Die Verkehrung war durch die »Verrücktheit« der Mutter, nicht die des Sohnes, herbeigeführt worden. Der Wunsch der Mutter war eine Lüge, die dann in dem Sohn ein quälendes Gespenst hervorbrachte: die gewünschte Tochter. Meine Schwestern und ich litten nicht wie Winnicotts Patient unter der Rolle, die wir in unserer Familie spielten; das lag wahrscheinlich daran, dass meine Mutter keine Illusionen hatte. Sie liebte ihre Babys als Mädchen. Ich nehme an, das, was mit uns geschah, kam später und hing mit unserem Vater zusammen.

Wir vier lachen noch immer darüber, dass unser Vater, wenn er in der Garage Hilfe benötigte, Liv oder Ingrid rief.

Ich habe sechs Jahre an einem Buch gearbeitet, dessen Erzähler ein siebzigjähriger Mann namens Leo Hertzberg ist. Als ich anfing, den Roman zu schreiben, machte es mir etwas Angst, einem Mann Gestalt zu geben und mit einer männlichen Stimme zu sprechen. Nach kurzer Zeit fiel diese Nervosität von mir ab, und mir wurde klar, dass ich etwas anderes machte, dass dieser Sprechende aus sich selbst heraus lebte, anders als ich, und trotzdem *war* ich er. Ich schöpfte aus einem männlichen Anteil meiner selbst. Ich hatte schon vorher in meinem Werk mit sexueller Zweideutigkeit gespielt. Die Heldin meines ersten Romans, *Die unsichtbare Frau* – in der ersten Person Singular erzählt –, schneidet sich das Haar kurz, nimmt den Namen eines Jungen aus einer Geschichte an, die sie übersetzt hat, und wandert in einem Herrenanzug durch die Straßen von New York. Als ich den Text schrieb, wusste ich, dass Iris diesen Anzug anziehen musste, aber ich wusste überhaupt nicht, wieso, außer dass ihr *cross-dressing* mit ihrer Übersetzung der deutschen Novelle *Der brutale Junge* zusammenhing – eine Bewegung von einer Sprache in eine andere, und dass sie, indem sie so tat, als wäre sie ein Mann, Verletzbarkeit verliert und Macht gewinnt, die sie unbedingt braucht. Bisher ist mir nie aufgefallen, dass das Einnehmen einer männlichen Position als Überlebenstechnik in meiner eigenen Familie wurzelt, dass Iris im Anzug die Dualität und Unsicherheit meiner Träume auslebt und dass sie, indem sie sich als männliche Figur neu erfindet, imstande ist, sich ihre eigene Rettung auszudenken. Als »Klaus« spricht sie auch anders, flucht und legt sich etwas überheblich Angeberisches zu, das sie mit Männern assoziiert. Vor einiger Zeit lernte ich eine Psychoanalytikerin kennen, die mir erzählte, sie gebe manchen ihrer weiblichen Patientinnen *Die unsichtbare Frau* zu lesen. »Geht es ihnen danach nicht schlechter?«, fragte ich, halb ernst, halb zum Spaß. »Nein«, sagte sie. »Es hilft ihnen einzusehen, dass es wichtig ist, sich abzugrenzen.« Iris' *cross-dressing* ist defensiv, eine Flucht aus der Offenheit, Fragilität und Grenzenlosigkeit, die sie mit ihrer Weiblichkeit verbindet.

Leo zu sein war kein Akt der Übersetzung. Nach einer Weile hörte ich ihn. Ich hörte einen Mann. Es ist wohl unerklärlich, woher er kam, aber ich bin davon überzeugt, dass ich ihn aus der Erfahrung bezog, den Männern zuzuhören, die ich geliebt habe und liebe, besonders meinen Vater und meinen Mann, aber auch anderen, die entscheidend für meine intellektuelle Entwicklung waren – jene körperlosen männlichen Stimmen in den zahllosen Büchern, die ich im Lauf der Jahre gelesen habe. Ihre Worte sind in mir, aber genauso die Worte von Schriftstellerinnen: Jane Austen, Emily und Charlotte Brontë, George Eliot, Emily Dickinson, Gertrude Stein, Djuna Barnes haben meine Phantasie ebenso verändert, und ich meine damit nicht sexuelle Unterschiede im körperlichen Sinn, sondern wiederhole Winnicott: »Ich dachte nicht mehr an Jungen oder Mädchen oder Männer und Frauen«, schreibt er, »sondern ich dachte in Begriffen wie männliche und weibliche Elemente in beiden.« Nach langjähriger Erfahrung lernte Winnicott, seinen Patienten in einer die Anatomie überschreitenden Art und Weise zuzuhören. Lesen heißt, den Schreiber nicht sehen. Marian Evans wurde George Eliot, um ihr Geschlecht zu verstecken, und es funktionierte eine Weile. Flauberts Erklärung *»Madame Bovary, c'est moi«* ist so ernst gemeint wie alles, was er je gesagt hat.

Als Leserin von Büchern bin ich davon überzeugt, dass Wörter eine nahezu magische Kraft haben, nicht nur weitere Wörter zu erzeugen, sondern flüchtige Bilder, Gefühle und Erinnerungen. Manche Romane und Gedichte hatten die Kraft, rohe, unbekannte Teile von mir aufzudecken, spiegelten etwas, wovon ich vorher nichts gewusst hatte. In jedem Buch fehlt der Körper des Schreibers, und diese Abwesenheit macht die Buchseite zu einem Ort, an dem wir wirklich frei sind, dem Mann oder der Frau zuzuhören, die spricht. Wenn ich ein Buch schreibe, höre ich auch zu. Ich höre die Figuren sprechen, als wären sie außerhalb von mir statt in mir. In einem Buch hörte ich eine junge Frau, die spielte, ein Mann zu sein; in einem anderen hörte ich einen Mann. In meinen Träumen werde ich zwischen den Geschlechtern hin- und hergerissen und frage mich, welches meins ist. Dass ich es nicht weiß, lässt mir keine Ruhe, aber wenn ich schreibe, wird eben diese Ambivalenz meine Befreiung, und ich bin frei, mich in Männer und Frauen hineinzuversetzen und ihre Geschichten zu erzählen.

Aus dem Englischen von Uli Aumüller

Anna Seghers

Der Ausflug der toten Mädchen

»Nein, von viel weiter her. Aus Europa.« Der Mann sah mich lächelnd an, als ob ich erwidert hätte: »Vom Mond.« Er war der Wirt der Pulqueria am Ausgang des Dorfes. Er trat vom Tisch zurück und fing an, reglos an die Hauswand gelehnt, mich zu betrachten, als suche er Spuren meiner phantastischen Herkunft.

Mir kam es plötzlich genauso phantastisch wie ihm vor, dass ich aus Europa nach Mexiko verschlagen war. – Das Dorf war festungsartig von Orgelkakteen umgeben wie von Palisaden. Ich konnte durch eine Ritze in die graubraunen Bergabfälle hineinsehen, die, kahl und wild wie ein Mondgebirge, durch ihren bloßen Anblick jeden Verdacht abwiesen, je etwas mit Leben zu tun gehabt zu haben. Zwei

Pfefferbäume glühten am Rand einer völlig öden Schlucht. Auch diese Bäume schienen eher zu brennen als zu blühen. Der Wirt hatte sich auf den Boden gehockt, unter den riesigen Schatten seines Hutes. Er hatte aufgehört, mich zu betrachten, ihn lockten weder das Dorf noch die Berge, er starrte bewegungslos das Einzige an, was ihm unermessliche, unlösbare Rätsel aufgab: das vollkommene Nichts.

Ich lehnte mich gegen die Wand in den schmalen Schatten. Um Rettung genannt zu werden, dafür war die Zuflucht in diesem Land zu fragwürdig und zu ungewiss. Ich hatte Monate Krankheit gerade hinter mir, die mich hier erreicht hatte, obwohl mir die mannigfachen Gefahren des Krieges nichts hatten anhaben können. Wie es bisweilen zu gehen pflegt, die Rettungsversuche der Freunde hatten die offensichtlichen Unglücke von mir gebannt und versteckte Unglücke beschworen. – Ich konnte, obwohl mir die Augen vor Hitze und Müdigkeit brannten, den Teil des Weges verfolgen, der aus dem Dorf in die Wildnis führte. Der Weg war so weiß, dass er in die Innenseiten der Augenlider geritzt schien, sobald ich die Augen schloss. Ich sah auch am Rand der Schlucht den Winkel der weißen Mauer, die mir bereits vom Dach meiner Herberge aus in dem großen, höher gelegenen Dorf, aus dem ich heruntergestiegen war, in den Augen gelegen hatte. Ich hatte sofort nach der Mauer und nach dem Rancho gefragt oder was es sonst war, mit seinem einzelnen, vom Nachthimmel gefallenen Licht, doch niemand hatte mir Auskunft geben können. Ich hatte mich auf den Weg gemacht. Trotz Schwäche und Müdigkeit, die mich schon hier zum Ausschnaufen zwangen, musste ich selbst herausfinden, was es mit dem Haus auf sich hatte. Die müßige Neugierde war nur der Restbestand meiner alten Reiselust, ein Antrieb aus gewohnheitsmäßigem Zwang. Ich würde, sobald sie befriedigt war, sofort zu dem vorgeschriebenen Obdach zurücksteigen. Die Bank, auf der ich ausruhte, war bis jetzt der letzte Punkt meiner Reise, sogar der äußerste westliche Punkt, an den ich jemals auf Erden geraten war. Die Lust auf absonderliche, ausschweifende Unternehmungen, die mich früher einmal beunruhigt hatte, war längst gestillt, bis zum Überdruss. Es gab nur noch eine einzige Unternehmung, die mich anspornen konnte: die Heimfahrt.

Der Rancho lag, wie die Berge selbst, in flimmrigem Dunst, von dem ich nicht wusste, ob er aus Sonnenstaub bestand oder aus eigener Müdigkeit, die alles vernebelte, so dass die Nähe entwich und die Ferne sich klärte wie eine Fata Morgana. Ich stand auf, da mir meine Müdigkeit schon zuwider war, wodurch der Dunst vor meinen Augen ein wenig verrauchte.

Ich ging durch den Einschnitt in der Palisade aus Kakteen und dann um den Hund herum, der, wie ein Kadaver völlig reglos, mit Staub bedeckt, auf dem Weg schlief, mit abgestreckten Beinen. Es war kurz vor der Regenzeit. Die offenen Wurzeln kahler, verschlungener Bäume klammerten sich an den Abhang, im Begriff zu versteinern. Die weiße Mauer rückte näher. Die Wolke von Staub oder auch von Müdigkeit, die sich schon ein wenig gelichtet hatte, verdichtete sich, in den Bergeinschnitten nicht dunkel wie Wolken sonst, sondern glänzend und flimmrig. Ich hätte an mein Fieber geglaubt, wenn nicht ein leichter heißer Windstoß die Wolken wie Nebelfetzen nach anderen Abhängen verweht hätte.

Es schimmerte grün hinter der langen weißen Mauer. Wahrscheinlich gab es einen Brunnen oder einen abgeleiteten Bach, der den Rancho mehr bewässerte als das Dorf. Dabei sah er unbewohnt aus mit dem niedrigen Haus, das auf der Wegseite fensterlos war. Das einzelne Licht gestern Abend hatte wahrscheinlich, wenn es keine Täuschung gewesen war, dem Hofhüter gehört. Das Gitterwerk war, längst überflüssig und morsch, aus dem Toreingang gebrochen. Doch gab es im Torbogen noch die Reste eines von unzähligen Regenzeiten verwaschenen Wappens. Die Reste des Wappens kamen mir bekannt vor, wie die steinernen Muschelhälften, in denen es ruhte. Ich trat in das leere Tor. Ich hörte jetzt inwendig zu meinem Erstaunen ein leichtes, regelmäßiges Knarren. Ich ging noch einen Schritt weiter. Ich konnte das Grün im Garten jetzt riechen, das immer frischer und üppiger wurde, je länger ich hineinsah. Das Knarren wurde bald deutlicher, und ich sah in dem Gebüsch, das immer dichter und saftiger wurde, ein gleichmäßiges Auf und Ab von einer Schaukel oder von einem Wippbrett. Jetzt war meine Neugier wach, so dass ich durch das Tor lief, auf die Schaukel zu. Im selben Augenblick rief jemand: »Netty!«

Mit diesem Namen hatte mich seit der Schulzeit niemand mehr gerufen. Ich hatte gelernt, auf alle die guten und bösen Namen zu hören, mit denen mich Freunde und Feinde zu rufen pflegten, die Namen, die man mir in vielen Jahren in Straßen, Versammlungen, Festen, nächtlichen Zimmern, Polizeiverhören, Büchertiteln, Zeitungsberichten, Protokollen und Pässen beigelegt hatte. Ich hatte sogar, als ich krank und besinnungslos lag, manchmal auf jenen alten, frühen Namen gehofft, doch der Name blieb verloren, von dem ich in Selbsttäuschung glaubte, er könnte mich wieder gesund machen, jung, lustig, bereit zu dem alten Leben mit den alten Gefährten, das unwiederbringlich verloren war. Beim Klang meines alten Namens packte ich vor Bestürzung, obwohl man mich immer in der Klasse wegen dieser Bewegung verspottet hatte, mit beiden Fäusten nach meinen Zöpfen. Ich wunderte mich, dass ich die zwei dicken Zöpfe anpacken konnte: Man hatte sie also doch nicht im Krankenhaus abgeschnitten.

Der Baumstumpf, auf den die Wippschaukel genagelt war, schien auch zuerst in einer dicken Wolke zu stehen, doch teilte und klärte sich die Wolke sogleich in lauter Hagebuttenbüsche. Bald glänzten einzelne Butterblumen in dem Bodendunst, der aus der Erde durch das hohe und dichte Gras quoll, der Dunst verzog sich, bis Löwenzahn und Storchschnabel gesondert dastanden. Dazwischen gab es auch bräunlichrosa Büschel von Zittergras, das schon beim Hinsehen bebte.

Auf jedem Ende der Schaukel ritt ein Mädchen, meine zwei besten Schulfreundinnen. Leni stemmte sich kräftig mit ihren großen Füßen ab, die in eckigen Knopfschuhen steckten. Mir fiel ein, dass sie immer die Schuhe eines älteren Bruders erbte. Der Bruder war freilich schon im Herbst 1914 im Ersten Weltkrieg gefallen. Ich wunderte mich zugleich, wieso man Lenis Gesicht gar keine Spur von den grimmigen

Vorfällen anmerkte, die ihr Leben verdorben hatten. Ihr Gesicht war so glatt und blank wie ein frischer Apfel, und nicht der geringste Rest war darin, nicht die geringste Narbe von den Schlägen, die ihr die Gestapo bei der Verhaftung versetzt hatte, als sie sich weigerte, über ihren Mann auszusagen. Ihr dicker Mozartzopf stand beim Schaukeln stark vom Nacken ab. Sie hatte mit zusammengezogenen dichten Brauen in ihrem runden Gesicht den entschlossenen, etwas energischen Ausdruck, den sie von klein auf bei allen schwierigen Unternehmungen annahm. Ich kannte die Falte in ihrer Stirn, in ihrem sonst spiegelglatten und runden Apfelgesicht, von allen Gelegenheiten, von schwierigen Ballspielen und Wettschwimmen und Klassenaufsätzen und später auch bei erregten Versammlungen und beim Flugblätterverteilen. Ich hatte dieselbe Falte zwischen ihren Brauen zuletzt gesehen, als ich zu Hitlers Zeit, kurz vor der endgültigen Flucht, in meiner Vaterstadt meine Freunde zum letzten Mal traf. Sie hatte sie früher auch in der Stirn gehabt, als ihr Mann zur vereinbarten Zeit nicht an den vereinbarten Ort kam, woraus sich ergab, dass er in der von den Nazis verbotenen Druckerei verhaftet worden war. Sie hatte auch sicher Brauen und Mund verzogen, als man sie gleich darauf selbst verhaftete. Die Falte in ihrer Stirn, die früher nur bei besonderen Gelegenheiten entstand, wurde zu einem ständigen Merkmal, als man sie im Frauenkonzentrationslager im zweiten Winter dieses Krieges langsam, aber sicher an Hunger zugrunde gehen ließ. Ich wunderte mich, wieso ich ihren Kopf, der durch das breite Band um den Mozartzopf beschattet war, bisweilen vergessen konnte, wo ich doch sicher war, dass sie selbst im Tod ihr Apfelgesicht mit der eingekerbten Stirn behalten hatte.

Auf der anderen Schaukelseite hockte Marianne, das hübscheste Mädchen der Klasse, die hohen dünnen Beine vor sich auf dem Brett verschränkt. Sie hatte die aschblonden Zöpfe in Kringeln über die Ohren gesteckt. In ihrem Gesicht, so edel und regelmäßig geschnitten wie die Gesichter der steinernen Mädchenfiguren aus dem Mittelalter im Dom von Marburg, war nichts zu sehen als Heiterkeit und Anmut. Man sah ihr ebenso wenig wie einer Blume Zeichen von Herzlosigkeit an, von Verschulden oder Gewissenskälte. Ich selbst vergaß sofort alles, was ich über sie wusste, und freute mich ihres Anblicks. Durch ihren stracksen mageren Körper lief jedes Mal ein Ruck, wenn sie, ohne sich abzustoßen, den Schwung der Schaukel verstärkte. Sie sah aus, als ob sie auch mühelos abfliegen könnte, die Nelke zwischen den Zähnen, mit ihrer festen kleinen Brust in dem grünleinenen, verwachsenen Kittel.

Ich erkannte die Stimme der ältlichen Lehrerin, Fräulein Mees, auf der Suche nach uns, dicht hinter der niedrigen Mauer, die den Schaukelhof von der Kaffeeterrasse abtrennte. »Leni! Marianne! Netty!« Ich packte nicht mehr vor Erstaunen meine Zöpfe. Die Lehrerin hatte mich ja mit den anderen zusammen bei gar keinem anderen Namen rufen können. Marianne zog die Beine von der Schaukel und stellte, sobald das Brett nach Lenis Seite abwärts wippte, ihre Füße fest auf, damit Leni bequem absteigen konnte. Dann legte sie einen Arm um Lenis Hals und zupfte ihr behutsam Halme aus dem Haar. Mir kam jetzt alles unmöglich vor, was man mir über die beiden erzählt und geschrieben hatte. Wenn Marianne so vorsichtig die Schaukel für Leni festhielt und ihr mit so viel Freundschaft und so viel Behutsamkeit die Halme aus dem Haar zupfte und sogar ihren Arm um Lenis Hals schlang, dann konnte sie sich unmöglich mit kalten Worten später schroff weigern, Leni einen Freundschaftsdienst zu tun. Sie konnte unmöglich die Antwort über die Lippen bringen, sie kümmere sich nicht um ein Mädchen, das irgendwann, irgendwo einmal zufällig in ihre Klasse gegangen sei. Ein jeder Pfennig, an Leni und deren Familie gewandt, sei herausgeworfen, ein Betrug am Staat. Die Gestapobeamten, die nacheinander beide Eltern verhaftet hatten, erklärten vor den Nachbarn, das schutzlos zurückgebliebene Kind der Leni gehöre sofort in ein nationalsozialistisches Erziehungsheim. Darauf fingen Nachbarsfrauen das Kind am Spielplatz ab und hielten es versteckt, damit es nach Berlin zu Verwandten des Vaters fahren könnte. Sie liefen, um Reisegeld zu leihen, zu Marianne, die sie früher manchmal Arm in Arm mit Leni erblickt hatten. Doch Marianne weigerte sich und fügte hinzu, ihr eigener Mann sei ein hoher Nazibeamter, und Leni samt ihrem Mann seien zu Recht arretiert, weil sie sich gegen Hitler vergangen hätten. Die Frauen fürchteten sich, sie würden noch selbst der Gestapo angezeigt.

Mir flog durch den Kopf, ob Lenis Töchterlein eine ähnlich eingekerbte Stirn gezeigt hatte wie ihre Mutter, als sie dann doch zur Zwangserziehung abgeholt wurde.

Jetzt zogen die beiden, Marianne und Leni, von denen eine ihres Kindes verlustig gegangen war durch das Verschulden der anderen, die Arme gegenseitig um die Hälse geschlungen, Schläfe an Schläfe gelehnt, aus dem Schaukelgärtchen. Ich wurde gerade ein wenig traurig, kam mir, wie es in der Schulzeit leicht geschah, ein wenig verbannt vor aus den gemeinsamen Spielen und herzlichen Freundschaften der anderen. Da blieben die beiden noch einmal stehen und nahmen mich in die Mitte.

Wir zogen wie drei Küken hinter der Ente, hinter Fräulein Mees, her auf die Kaffeeterrasse. Fräulein Mees hinkte ein wenig, was sie, zusammen mit ihrem großen Hintern, einer Ente noch ähnlicher machte. Auf ihrem Busen, im Blusenausschnitt, hing ein großes schwarzes Kreuz. Ich hätte ein Lächeln verbissen, wie Leni und Marianne, doch milderte sich die Belustigung über ihren komischen Anblick durch eine schwer damit zu vereinende Achtung: Sie hatte später das klobige schwarze Kreuz im Kleidausschnitt nie abgelegt. Sie war ganz freimütig furchtlos statt mit einem Hakenkreuz mit ebendiesem Kreuz nach dem verbotenen Gottesdienst der Bekenntniskirche umhergegangen.

Die Kaffeeterrasse am Rhein war mit Rosenstöcken bepflanzt. Sie schienen, mit den Mädchen verglichen, so regelrecht, so kerzengerade, so wohlbehütet wie Gartenblumen neben Feldblumen. Durch den Geruch von Wasser und Garten drang verlockend Kaffeegeruch. Von den mit rotweiß karierten Tüchern gedeckten Tischen vor dem langgestreckten niedrigen Gasthaus tönte das Gesumm junger

Stimmen wie ein Bienenschwarm. Mich zog es zuerst dichter ans Ufer, damit ich die unbegrenzte sonnige Weite des Landes in mich einatmen konnte. Ich riss die zwei anderen, Leni und Marianne, zum Gartenzaun, wo wir in den Fluss sahen, der graublau und flimmrig an der Wirtschaft vorbeiströmte. Die Dörfer und Hügel auf dem gegenüberliegenden Ufer mit ihren Äckern und Wäldern spiegelten sich in einem Netz von Sonnenkringeln. Je mehr und je länger ich um mich sah, desto freier konnte ich atmen, desto rascher füllte sich mein Herz mit Heiterkeit. Denn fast unmerklich verflüchtigte sich der schwere Druck von Trübsinn, der auf jedem Atemzug gelegen hatte. Bei dem bloßen Anblick des weichen, hügeligen Landes gedieh die Lebensfreude und Heiterkeit statt der Schwermut aus dem Blut selbst, wie ein bestimmtes Korn aus einer bestimmten Luft und Erde.

Ein holländischer Dampfer mit einer Kette von acht Schleppkähnen fuhr durch die im Wasser widergespiegelten Hügel. Sie fuhren Holz. Die Schiffersfrau, umtanzt von ihrem Hündchen, kehrte gerade das Verdeck. Wir Mädchen warteten, bis im Rhein die weiße Spur hinter dem Zug aus Holzschleppern verschwunden war und nichts mehr im Wasser zu sehen als der Abglanz des gegenüberliegenden Ufers, der mit dem Abglanz unseres diesseitigen Gartens zusammenstieß. Wir machten kehrt zu den Kaffeetischen, voran unser wackliges Fräulein Mees, die mir gar nicht mehr drollig vorkam, mit ihrem ebenfalls wackligen Brustkreuz, das für mich auf einmal bedeutsam und unumstößlich geworden war und feierlich wie ein Wahrzeichen.

Vielleicht gab es unter den Schulmädchen auch mürrische und schmierige: In ihren bunten Sommerkleidern, mit ihren hüpfenden Zöpfen und lustigen Kringeln sahen sie alle frisch und festlich aus. Weil die meisten Plätze besetzt waren, teilten sich Marianne und Leni Stuhl und Kaffeetasse. Eine kleine stupsnäsige Nora, mit dünnem Stimmchen, mit zwei um den Kopf gewundenen Zöpfen, in kariertem Kleidchen, schenkte selbstbewusst Kaffee ein und teilte Zucker aus, als sei sie selbst die Wirtin. Marianne, die sonst ihre ehemaligen Mitschülerinnen zu vergessen pflegte, erinnerte sich noch deutlich dieses Ausflugs, als Nora, die Leiterin der Nationalsozialistischen Frauenschaft geworden war, sie dort als Volksgenossin und ehemalige Schulkameradin begrüßte.

Die blaue Wolke von Dunst, die aus dem Rhein kam oder immer noch aus meinen übermüdeten Augen, vernebelte über allen Mädchentischen, so dass ich die einzelnen Gesichter von Nora und Leni und Marianne und wie sie sonst hießen, nicht mehr deutlich unterschied, wie sich keine einzelne Dolde mehr abhebt in einem Gewirr wilder Blumen. Ich hörte eine Weile das Gestreite, wo die jüngere Lehrerin, Fräulein Sichel, die gerade aus dem Gasthaus trat, sich am besten setzen könnte. Die Dunstwolke verschwebte von meinen Augen, so dass ich Fräulein Sichel genau erkannte, die frisch und hell gekleidet einherkam wie ihre Schülerinnen.

Sie setzte sich dicht neben mich, die hurtige Nora schenkte ihr, der Lieblingslehrerin, Kaffee ein: In ihrer Gefälligkeit und Bereitschaft hatte sie Fräulein Sichels Platz sogar geschwind mit ein paar Jasminzweigen umwunden.

Das hätte die Nora sicher, wäre ihr Gedächtnis nicht ebenso dünn gewesen wie ihre Stimme, später bereut, als Leiterin der Nationalsozialistischen Frauenschaft unserer Stadt. Jetzt sah sie mit Stolz und beinahe sogar mit Verliebtheit zu, wie Fräulein Sichel einen von diesen Jasminzweigen in das Knopfloch ihrer Jacke steckte. Im Ersten Weltkrieg würde sie sich noch immer freuen, dass sie in einer Abteilung des Frauendienstes, der durchfahrende Soldaten tränkte und speiste, die gleiche Dienstzeit wie Fräulein Sichel hatte. Doch später sollte sie dieselbe Lehrerin, die dann schon greisenhaft zittrig geworden war, mit groben Worten von einer Bank am Rhein herunterjagen, weil sie auf einer judenfreien Bank sitzen wollte. Mich selbst durchfuhr plötzlich, da ich dicht neben ihr saß, wie ein schweres Versäumnis in meinem Gedächtnis, als ob ich die höhere Pflicht hätte, mir auch die winzigsten Einzelheiten für immer zu merken, dass das Haar von Fräulein Sichel keineswegs von jeher schneeweiß war, wie ich es in Erinnerung hatte, sondern in der Zeit unseres Schulausfluges duftig braun, bis auf ein paar weiße Strähnen an ihren Schläfen. Es waren ihrer jetzt noch so wenig weiße, dass man sie zählen konnte, doch mich bestürzten sie, als sei ich zum ersten Mal heute und hier auf eine Spur des Alters gestoßen. Alle übrigen Mädchen an unserem Tisch freuten sich mit Nora über die Nähe der jungen Lehrerin, ohne zu ahnen, dass sie später das Fräulein Sichel bespucken und als Judensau verhöhnen würden.

Die Älteste von uns allen, Lore – sie trug Rock und Bluse und rötliches onduliertes Haar und hatte schon längst echte

Liebschaften –, war inzwischen von einem Tisch zum anderen gegangen, um selbst gebackenen Kuchen zu verteilen. In diesem Mädchen wohnten allerlei kostbare häusliche Begabungen zusammen, die sich teils auf die Liebes-, teils auf die Kochkunst bezogen. Die Lore war immerzu überaus lustig und gefällig und zu drolligen Witzen und Streichen aufgelegt. Ihr ungewöhnlich frühzeitig begonnener, von den Lehrerinnen streng gerügter leichtfertiger Lebenswandel führte zu keiner Heirat und sogar zu keiner ernsthaften Liebesbeziehung, so dass sie, als die meisten längst würdige Mütter waren, noch immer wie heute aussah, als Mitschülerin, kurzröckig, mit großem, rotem, genäschigem Mund. Wie konnte es da mit ihr so ein finsteres Ende nehmen. Freiwilliges Sterben durch eine Röhre Schlafpulver. Ein verärgerter Naziliebhaber hatte sie, da ihre Untreue Rassenschande hieß, mit Konzentrationslager bedroht. Er hatte lange umsonst gelauert, sie endlich mit dem gesetzlich verbotenen Freund zu überraschen. Doch trotz seiner Eifersucht und Strafgier war ihm der Nachweis erst gelungen, als kurz vor diesem Krieg bei einer Fliegeralarmprobe der Luftwart alle Einwohner aus Zimmern und Betten in den Keller zwang, auch die Lore mit dem verfemten Liebsten.

Sie schenkte nun heimlich, was uns aber doch nicht entging, ein übrig gebliebenes Zimtsternchen der ebenfalls auffällig hübschen, pfiffigen, mit zahllosen natürlichen Löckchen geputzten Ida. Sie war ihr in der Klasse die einzige Freundin, da Lore sonst wegen ihrer Belustigungen ziemlich schief angesehen wurde. Wir munkelten viel über die fidelen Verabredungen von Ida und Lore, auch über ihre gemeinsamen Besuche der Schwimmanstalten, wo sie gelenkige Gefährten zum Freischwimmen trafen. Ich weiß nur nicht, warum Ida, die heimlich das Zimtsternchen nagte, nie von der Feme der Mütter und Töchter getroffen wurde, vielleicht, weil sie eine Lehrerstochter war und Lore eine Friseurstochter. Ida machte beizeiten Schluss mit dem lockeren Leben, aber es kam auch bei ihr nicht zur Heirat, weil ihr Bräutigam vor Verdun fiel. Dieses Herzeleid trieb sie zur Krankenpflege, damit sie wenigstens den Verwundeten nützlich werden könnte. Da sie ihren Beruf mit dem Friedensschluss 1918 nicht aufgeben wollte, trat sie bei den Diakonissinnen ein. Ihre Lieblichkeit war schon ein wenig verwelkt, ihre Löckchen waren schon ein wenig grau, wie mit Asche bestreut, als sie Funktionärin bei den nationalsozialistischen Krankenschwestern wurde, und wenn sie auch in dem jetzigen Krieg keinen Bräutigam hatte, ihr Wunsch nach Rache, ihre Erbitterung waren immer noch wach. Sie prägte den jüngeren Pflegerinnen die staatlichen Anweisungen ein, die zur Vermeidung von Gesprächen und falschen Mitleidsdiensten bei der Pflege Kriegsgefangener mahnten. Doch ihre Anweisung, den frisch gekommenen Mull ausschließlich für Landsleute zu verwenden, nützte gar nichts. Denn an dem Ort ihrer neuen Tätigkeit, in das Spital weit hinter der Front, schlug eine Bombe ein, die Freunde und Feinde zerknallte und natürlich auch ihren Lockenkopf, über den jetzt noch einmal Lore fuhr mit fünf manikürten Fingern, wie nur sie allein in der Klasse welche hatte.

Gleichzeitig schlug Fräulein Mees mit dem Löffel an die Kaffeetasse und befahl uns, unseren Geldbeitrag zum Kaffee in den Zwiebelmusterteller zu werfen, den sie gerade mit ihrer Lieblingsschülerin um die Tische herumschickte. Genauso flink und beherzt hatte sie später für die von den Nazis verpönte Bekenntniskirche gesammelt, wo sie, an solche Ämter gewöhnt, zuletzt Kassiererin geworden war. Kein ungefährliches Amt, aber sie hatte ebenso frisch und natürlich das Scherflein gesammelt. Die Lieblingsschülerin Gerda klapperte heute lustig mit dem Sammelteller und trug ihn dann zur Wirtin. Gerda war, ohne schön zu sein, einnehmend und gewandt, mit einem stutenartigen Schädel, mit grobem, zottigem Haar, starken Zähnen und schönen braunen, ebenfalls pferdeartigen, treuen und sanft gewölbten Augen. Sie jagte gleich darauf von der Wirtin zurück – auch darin glich sie einem Pferdchen, dass sie immer im Galopp war –, um die Erlaubnis zu erbitten, sich von der Klasse zu sondern und das nächste Schiff benutzen zu dürfen. Sie hatte im Gasthaus erfahren, dass das Kind der Besitzerin schwer erkrankt war. Da zu seiner Pflege sonst niemand da war, wollte Gerda die Kranke besorgen. Fräulein Mees beschwichtigte alle Einwände von Fräulein Sichel, und Gerda galoppierte zu ihrer Krankenpflege wie zu einem Fest. Sie war zur Krankenpflege und Menschenliebe geboren, zum Beruf einer Lehrerin in einem aus dem Bestand der Welt fast verschwundenen Sinn, als sei sie auserlesen, überall Kinder zu suchen, denen sie vonnöten war, und sie entdeckte auch immer und überall Hilfsbedürftige. Wenn auch ihr Leben zuletzt unbeachtet und sinnlos endete, so war darin doch nichts verloren, nicht die bescheidenste ihrer Hilfeleistungen. Ihr Leben selbst war leichter vertilgbar als die Spuren ihres Lebens, die im Gedächtnis von vielen sind, denen sie einmal zufällig geholfen hat. Wer aber war denn zur Stelle, ihr selbst zu helfen, als ihr eigener Mann, gegen ihr Verbot und gegen ihre Drohung, die Hakenkreuzfahne, wie es der neue Staat befahl, zum Ersten Mai heraushängte, weil man ihm sonst die Stelle gekündigt hätte? Niemand war da, um sie rechtzeitig zu beruhigen, als sie, vom Markt heimlaufend, die schauerlich geflaggte Wohnung erblickte, voll Scham und Verzweiflung hinaufstürzte und den Gashahn aufdrehte. Niemand stand ihr bei. Sie blieb in dieser Stunde hoffnungslos allein, wie vielen sie selbst auch beigestanden hatte.

Ein Dampfer tutete vom Rhein her. Wir reckten unsere Köpfe. Auf seinem weißen Rumpf stand in goldener Schrift »Remagen«. Obwohl er weitab trieb, konnte ich den Namen mit meinen kranken Augen glatt entziffern. Ich sah das Rauchgekräusel überm Schornstein und die Luken der Kajüte. Ich verfolgte die Fahrbahn des Dampfers, die sich in einem fort glättete und in einem fort neu entstand. Meine Augen hatten sich inzwischen in der gewohnten vertrauten Welt eingewöhnt, ich sah alles noch schärfer als bei der Durchfahrt des holländischen Schleppers. Es haftete diesem Dampferchen »Remagen« auf dem breiten stillen Strom, Dörfer streifend und Hügelketten und Wolkenzüge, eine durch nichts verlorene, durch nichts verlierbare Klarheit an, die durch nichts auf der Welt zu trüben war. Ich hatte auch bereits selbst auf dem Deck des Dampfers und in den Bullaugen die bekannten Gesichter festgestellt, die die Mädchen jetzt laut ausriefen: »Lehrer Schenk! Lehrer Reiß! Otto Helmholz! Eugen Lütgens! Fritz Müller!«

Alle Mädchen riefen miteinander: »Das ist das Realgymnasium! Das ist die Unterprima!« Ob diese Klasse, die wie wir ihren Ausflug machte, hier bei der nächsten Dampferstation halten würde? Fräulein Sichel und Fräulein Mees befahlen nach kurzer Beratung uns Mädchen das Aufstellen in Viererreihen, da sie auf jeden Fall das Zusammentreffen der beiden Klassen vermeiden wollten. Marianne, deren Zöpfe sich bei der Schaukelfahrt aufgelöst hatten, begann ihre Schnecken über den Ohren frisch aufzustecken, denn ihre Freundin Leni, mit der sie seit der gemeinsamen Schaukelei den Stuhl geteilt hatte, stellte mit besseren Augen fest, Otto Fresenius sei auch an Bord, Mariannes liebster Werber und Tänzer. Leni flüsterte ihr überdies zu: »Sie steigen hier aus; er zeigt mit der Hand.«

Fresenius, ein dunkelblonder schlaksiger Junge von siebzehn Jahren, der schon längst hartnäckig vom Schiff herwinkte, wäre auch zu uns herübergeschwommen, um mit seinem Mädchen vereint zu sein. Marianne hing den Arm fest um Lenis Hals, ihr war die Freundin, an die sie sich später überhaupt nicht mehr erinnern wollte, als man um ihre Hilfe bat, wie eine echte Schwester, in Freud und Not der Liebe eine gute Betreuerin, die gewissenhaft Briefe und heimliche Zusammentreffen vermittelte. Marianne, die immer ein schönes gesundes Mädchen war, wurde durch die bloße Nähe des Freundes ein solches Wunder an Zartheit und Anmut, dass sie wie ein sagenhaftes Kind von allen Schulmädchen abstach. Otto Fresenius hatte bereits daheim seiner Mutter, mit der er Geheimnisse teilte, seine Zuneigung verraten. Da die Mutter sich selbst an der glücklichen Wahl freute, meinte sie, dass einmal später, wenn man gebührend wartete, nichts einer Ehe im Wege stünde. Zum Verlobungsfest kam es dann auch, aber zur Hochzeit nie, denn der Bräutigam fiel ja schon 1914 in einem Studentenbataillon in den Argonnen.

Der Dampfer »Remagen« machte jetzt eine Drehung zum Landungssteg. Unsere zwei Lehrerinnen, die zur Heimfahrt der Mädchen das Schiff aus entgegengesetzter Richtung abwarten mussten, begannen sofort, uns abzuzählen. Leni und Marianne sahen gespannt dem Dampfer entgegen. Leni drehte so neugierig ihren Kopf, als ob sie ahne, dass auch ihre eigene Zukunft, der Ablauf ihres eigenen Schicksals, von der Vereinigung oder Trennung des Liebespaares abhänge. Wär es allein nach Leni gegangen statt nach Kaiser Wilhelms Mobilmachung und später nach den französischen Scharfschützen, die beiden wären sicher ein Paar geworden. Sie fühlte genau, wie gut die zwei jungen Leute an Herz und Körper zusammenpassten. Dann hätte sich Marianne auch später nie geweigert, für Lenis Kind zu sorgen. Otto Fresenius hätte vielleicht schon vorher Mittel gefunden, der Leni zur Flucht zu verhelfen. Er hätte wahrscheinlich dem zarten schönen Gesicht seiner Frau Marianne nach und nach einen solchen Zug von Rechtlichkeit, von gemeinsam geachteter Menschenwürde eingeprägt, der sie dann verhindert hätte, ihre Schulfreundin zu verleugnen.

Jetzt kam Otto Fresenius, dem ein Geschoss im Ersten Weltkrieg den Bauch zerreißen sollte, von seiner Liebe angespornt, als Erster über den Landungssteg auf den Wirtsgarten zu. Marianne, die eine Hand nie von Lenis Schulter wegzog, gab ihm ihre freie Hand und überließ sie ihm. Nicht nur der Leni und mir, uns Kindern allen war es klar, dass diese zwei ein Liebespaar waren. Sie gaben uns zum ersten Mal, nicht geträumt, nicht gelesen aus Dichtungen oder Märchen oder aus klassischen Dramen, sondern echt und wirklich, den richten Begriff eines Liebespaares, wie es die Natur selbst geplant und zusammengefügt hat.

Einen Finger noch immer in seinen gehängt, zeigte Mariannes Gesicht einen Ausdruck völliger Ergebenheit, der jetzt zum Ausdruck ewiger Treue wurde zu dem hohen, mageren, dunkelblonden Jungen, um den sie auch, wenn ihr Feldpostbrief mit dem Stempel »Gefallen« zurückkommt, wie eine Witwe in Schwarz trauern wird. In diesen schweren Tagen, in denen Marianne, die ich doch früher das Leben anbeten sah mit seinen großen und kleinen Freuden, ob es um ihre Liebe ging oder um die Wippschaukel, am Leben schlechthin verzweifelte, würde die Freundin Leni, um die sie jetzt ihren Arm gelegt hielt, die Bekanntschaft des Urlaubers Fritz machen, aus einer Eisenbahnerfamilie unserer Stadt. Während Marianne lange Zeit von einer schwarzen Wolke umhüllt war, in verzweifelter Anmut, in tieftrauriger Lieblichkeit, war Leni der reifste, rosigste Apfel. Die beiden Freundinnen waren dadurch eine Zeit lang auf die gewöhnliche menschliche Weise entfremdet, mit der Leid und Glück entfremdet sind. Nach dem Ablauf der Trauerzeit würde sich Marianne nach verschiedenen Treffen in Kaffeewirtschaften am Rheinufer, mit ineinandergehakten Fingern wie jetzt und dem gleichen Ausdruck ewiger Treue wie jetzt auf dem länglichen sanften Gesicht, eine neue Verbindung mit einem gewissen Gustav Liebig wählen, der den Ersten Weltkrieg heil überstanden hatte und der später in unserer Stadt SS-Sturmbannführer werden sollte. Das wäre Otto Fresenius, selbst wenn er gesund aus dem Krieg gekommen wäre, nie geworden, weder SS-Sturmbannführer noch Vertrauensmann der Gauleitung. Die Spur von Gerechtigkeit und Rechtlichkeit, die seinen Zügen schon jetzt im Knabengesicht unverkennbar innewohnte, machte ihn untauglich für eine solche Laufbahn und solchen Beruf. Leni war nur beruhigt, als sie erfuhr, dass ihre Klassengefährtin, an der sie damals noch hing wie an einer Schwester, sich in ein frisches, neue Freuden versprechendes Schicksal gefunden hatte. Sie war genau wie jetzt viel zu töricht, um zu ahnen, dass die Schicksale der Knaben und Mädchen zusammen das Schicksal der Heimat, das Schicksal des Volkes ausmachen, dass darum über kurz oder lang das Leid oder Glück ihrer Klassenfreundin sie selbst beschatten oder besonnen könnte. Mir entging jetzt genauso wenig wie Leni das lautlose, unaustilgbare Gelöbnis im Gesicht Mariannes, das leicht, wie zufällig, an den Arm des Freundes gelehnt war, die Bürgschaft unzerstörbarer Zusammengehörigkeit. Leni atmete tief auf, als sei es für sie ein besonderes Glück, Zeuge solcher Liebe zu sein. Ehe sie, Leni und ihr Mann, von der Gestapo verhaftet sein würden, sollte Marianne von ihrem neuen Mann Liebig, dem sie auch ewige Treue gelobt hatte, so viel verächtliche Worte über den Mann ihrer Schulfreundin hören, dass ihr selbst bald die Freundschaft mit einem für so verächtlich gehaltenen Mädchen entglitt. Lenis Mann hatte sich mit allen Mitteln gesträubt, in die SA oder SS einzutreten. Mariannes Mann, der stolz auf Rang und Ordnung war, wäre dort in der SS sein Vorgesetzter geworden. Wie er merkte, dass Lenis Mann den von ihm für so ehrenvoll gehaltenen Eintritt verschmähte, machte er die Behörden der kleinen Stadt auf den nachlässigen Untertan aufmerksam.

Nach und nach war die ganze Knabenklasse mit ihren zwei Lehrern gelandet. Ein gewisser Herr Neeb, ein junger Lehrer mit blondem Schnurrbärtchen, ließ nach einer Verbeugung gegen die beiden Lehrerinnen seinen scharfen Blick über uns Mädchen gehen, wobei er feststellte, dass Gerda, die er unwillkürlich suchte, nicht dabei war. Gerda pflegte und wusch noch immer im Gasthaus das kranke Kind der Wirtin, ahnte nichts von dem Knabenzustrom draußen im Garten, auch nicht, dass sie der Lehrer Neeb bereits vermisste, dem sie schon bei anderen Gelegenheiten durch ihre braunen Augen und durch ihre Hilfsbereitschaft aufgefallen war. Erst nach 1918, nach dem Abschluss des Ersten Weltkrieges, als die Gerda schon selbst Lehrerin war und schon beide die Schulverbesserungen der Weimarer Republik unterstützten, sollten sie sich endgültig in dem jüngst gegründeten »Bund entschiedener Schulreformer« treffen. Aber die Gerda blieb den alten Zielen und Wünschen treuer als er. Nachdem er endlich mit dem Mädchen verheiratet war, das er wegen ihrer Gesinnung gewählt hatte, achtete er bald ein Zusammenleben in Frieden und Wohlstand höher als die gemeinsame Gesinnung. Deshalb hing er auch die Hakenkreuzfahne aus seinem Wohnzimmerfenster, denn das Gesetz bedrohte ihn im Unterlassungsfall, seine Stellung und dadurch das Brot für seine Familie zu verlieren.

Nicht nur mir war Neebs Enttäuschung aufgefallen, weil er in unserer Schar das Mädchen Gerda nicht sah, die er später so sicher finden und zu der Seinen machen sollte, dass er dadurch ihren Tod mitverschuldete. Else war, glaube ich, die Jüngste von uns allen, ein dickzöpfiges rundes Mädchen mit einem runden, kirschenroten Mund. Sie äußerte scheinbar beiläufig, gleichmütig, dass noch eine von uns, Gerda, im Gasthaus geblieben sei, um ein erkranktes Kind zu versorgen. Else, die ich und alle bald vergaßen in ihrer Kleinheit und Unauffälligkeit, wie man eben an irgendeinem Strauch eine bestimmte dicke Knospe vergisst, hatte noch gar keine eigenen Liebesgeschichten, liebte es aber, die der anderen ausfindig zu machen und darin herumzustöbern. Jetzt belehrte sie das Aufglänzen in den Augen des Herrn Neeb, dass sie richtig geraten hatte, sie fügte scheinbar zufällig hinzu: »Das Krankenzimmer ist gleich hinter der Küche.« Während die Else solchermaßen ihre Schlauheit erprobte, und sie konnte mit ihren glitzernden Kinderaugen Neebs Gedanken viel besser entziffern als mit erwachsenen, durch Erfahrung getrübten Augen, sollte ihre eigene Liebe noch lange auf sich warten lassen. Denn ihr künftiger Mann, der

Schreiner Ebi, ging erst noch in den Krieg. Er hatte schon damals Spitzbärtchen und Bäuchlein und war viel älter als sie. Als er die immer noch runde und stupsnäsige Else nach dem damaligen Friedensschluss zur Schreinermeisterin machte, kam es ihm im Geschäft gelegen, dass sie inzwischen Buchhaltung auf der Handelsschule gelernt hatte. Beiden war die Schreinerei wichtig und ihre drei Kinder. Der Schreiner pflegte später zu sagen, für ihn laufe sein Handwerk gleich, ob in Darmstadt, der Provinzialhauptstadt, großherzogliche oder sozialdemokratische Ministerräte säßen. Auch Hitlers Macht und den Ausbruch des neuen Krieges sah er wie eine Art böses Naturereignis an, wie ein Gewitter oder wie einen Schneesturm. Er war damals schon ziemlich gealtert. Auch in Elses buschigen Zöpfen gab es manche graue Strähnen. Seine Meinung zu ändern, fand er wohl auch keine Zeit, als bei dem englischen Fliegerangriff auf Mainz innerhalb fünf Minuten seine Frau Else, er selbst, seine Kinder und seine Gesellen das Leben verließen, mit seinem Haus und seiner Werkstatt in Staub und Fetzen verwandelt.

Während die Else, fest und rund wie ein Knödelchen, durch nichts anderes zu zersplittern als durch eine Bombe, in ihre Mädchenreihe hineinsprang, nahm Marianne ihren Platz in der äußersten Ecke der hintersten Reihe ein, wo Otto noch immer neben ihr stehen konnte, ihre Hand in seiner. Sie sahen über den Zaun weg ins Wasser, wo sich ihre Schatten mit den Spiegelbildern der Berge und Wolken vermischten und der weißen Mauer der Ausflugswirtschaft. Sie sprachen nichts miteinander, sie waren sich völlig gewiss, dass nichts sie trennen konnte, keine Viererreihen und keine Dampferabfahrt, nicht einmal später der gemeinsame Tod im geruhsamen Alter in einer Schar gemeinsam gezeugter und aufgezogener Kinder.

Der ältere Lehrer der Knabenklasse – er schlürfte dahin und räusperte sich, er hieß bei den Buben der »Greis« – kam über den Landungssteg in den Garten, von seinen Knaben umgeben. Sie setzten sich flink und gierig an den Tisch, den wir Mädchen eben verlassen hatten, und die Wirtin, die froh war, dass ihr krankes Kind noch immer von Gerda betreut wurde, brachte ihr frisches, blauweißes Zwiebelmustergeschirr. Der Knabenklassenchef, Lehrer Reiß, fing seinen Kaffee zu schlecken an. Es klang, als schlürfe ein bärtiger Riese.

Umgekehrt wie es sonst geschieht, erlebte der Lehrer das Absterben seiner jungen Schüler im folgenden und im jetzigen Krieg, in schwarzweißroten und in Hakenkreuzregimentern. Er aber überlebte alles unbeschadet. Denn er wurde allmählich zu alt, nicht bloß für Kämpfe, sondern auch für auslegbare Äußerungen, die ihn hätten in Haft und Konzentrationslager bringen können.

Während die teils gesitteten, teils strolchigen Buben, die um den »Greis« herumbummelten, den Kobolden aus der Sage glichen, war der Mädchenschwarm drunten im Garten piepsig und elfig. Bei unserer Abzählung hatte man festgestellt, dass ein paar Mädchen fehlten. Lore saß in der Knabenklasse, denn sie blieb immer so lange wie möglich, heute sowohl wie ihr ganzes, übrigens durch Nazieifersucht schlecht beendetes Leben, in männlicher Gesellschaft. Neben ihr kicherte eine gewisse Elli, die ihren Tanzstundenfreund plötzlich entdeckt hatte, Walter, ein pausbäckiges Knäblein. Jetzt waren die zu seinem Kummer noch kurzen Höschen zu stramm über seinem festen Hintern, später würde er, ein zwar schon ältlicher, aber noch äußerst ansehnlicher SS-Mann, als Transportleiter Lenis verhafteten Mann für immer fortbringen. Leni stellte sich weiter sorgfältig schräg, damit Marianne die letzten Worte mit ihrem Liebsten wechseln konnte, ohne dass sie nur ahnen konnte, von wie viel künftigen Feindschaften sie hier im Garten umgeben war. Ida, die künftige Diakonissin, trottete pfeifend mit drolligen Tanzschritten zu uns herunter: die runden Kulleraugen der kleinen Burschen und die schrägen, behaglichen des alten Kaffeeschlürfers von Lehrer lagen erfreut auf ihrem Lockenkopf, um den ein Samtband gedreht war. Einmal im russischen Winter 1943, wenn ihr Spital unerwartet unter dem Bombardement liegt, wird sie genauso klar wie ich jetzt an das Samtbändchen in ihrem Haar denken und an das weiße, sonnige Wirtshaus und den Garten am Rhein und an die ankommenden Knaben und die abfahrenden Mädchen.

Marianne hatte die Hand ihres Otto Fresenius losgelassen. Sie hatte auch ihren Arm nicht mehr auf Lenis Schulter, sie stand in ihrer Mädchenreihe allein und verlassen im Nachdenken der Liebe. Trotz dieser irdischsten aller Gesinnungen stach sie jetzt von den anderen Mädchen durch eine beinahe überirdische Schönheit ab. Otto Fresenius kehrte zu dem Knabentisch zurück, Seite an Seite mit dem jungen Lehrer

Neeb. Der betrug sich ohne Spott und Fragen wie ein guter Kamerad, weil er ja in derselben Klasse ein Mädchen suchte und weil er auch bei den Allerjüngsten Liebesunternehmungen achtete. Da diesen Jungen, den Otto, so viel rascher als den älteren Lehrer der Tod von seiner Liebsten reißen würde, blieb ihm im kurzen Leben Treue für immer gewährt und alles Böse erspart, alle Versuchungen, alle Gemeinheit und Schande, denen der ältere Mann zum Opfer fiel, als er für sich und Gerda eine staatlich bezahlte Stelle retten wollte.

Fräulein Mees, mit dem mächtigen, unzerstörbaren Kreuz auf dem Busen, bewachte sorgfältig uns Mädchen, damit keines vor der Ankunft eines Dampfers zu ihrem Tanzstundenfreund durchbrannte. Fräulein Sichel war auf die Suche nach einer gewissen Sophie Meier gegangen, fand sie auch schließlich auf der Wippschaukel mit einem Jungen, Herbert Becker, zusammen, der genau wie sie selbst schmächtig und bebrillt war, so dass sie eher Geschwistern glichen als einem Liebespaar. Herbert Becker jagte beim Anblick der Lehrerin davon. Ich sah ihn noch oft durch unsere Stadt jagen, grinsend und Grimassen schneidend. Er hatte noch immer das gleiche bebrillte, pfiffige Bubengesicht, als ich ihn vor wenigen Jahren in Frankreich wiedertraf, da er gerade aus dem spanischen Bürgerkrieg kam. Sophie wurde von Fräulein Sichel wegen ihrer Rumtreiberei ausgescholten, so dass sie ihre von Tränen feucht gewordene Brille putzen musste. Nicht nur das Haar der Lehrerin, in dem ich auch jetzt wieder verwundert ein Gemisch grauer Strähnen feststellte, auch das Haar der Schülerin Sophie, jetzt noch so schwarz wie Ebenholz, wie das Haar Schneewittchens, sollte über und über weiß sein, als sie zusammen im vollgepferchten plombierten Waggon von den Nazis nach Polen deportiert wurden. Sophie war sogar völlig verhutzelt und veraltert, als sie in den Armen von Fräulein Sichel wie eine gleichaltrige Schwester überraschend abstarb.

Wir trösteten Sophie und putzten ihre Brillengläser, als Fräulein Mees in die Hände klatschte zum Abzug an die Dampferstation. Wir schämten uns, weil die Knabenklasse beobachtete, wie man uns aufmarschieren ließ, und weil sich alle über den schiefen wackligen Entengang unserer Lehrerin belustigten. Nur bei mir milderte sich der Spott durch die Achtung vor ihrer immer gleich gebliebenen Haltung, der auch die Vorladung vor das von Hitler in Szene gesetzte Volksgericht mit Androhung von Gefängnis nichts anhaben konnte. Wir warteten alle zusammen auf dem Landungssteg, bis unser Dampfer sein Seil auswarf. Mir erschien das Auffangen des Seiles durch den Bootsmann, das Winden des Seiles um den Pflock, das Aufstellen der Schiffsbrücke ungemein behende, der Willkomm einer neuen Welt, die Bürgschaft unserer Wasserfahrt, so dass alle Reisen über unendliche Meere von einem Kontinent zum anderen verblassten und abenteuerlich wurden wie Kinderträume. Sie waren bei Weitem nicht so erregend, so wirklichkeitstreu im Geruch von Holz und Wasser, im leichten Geschwank der Schiffsbrücke, im Knirschen der Seile wie der Antritt der zwanzig Minuten langen Rheinfahrt nach meiner Vaterstadt.

Ich sprang aufs Verdeck, um nahe am Steuerrad zu sitzen. Das Schiffsglöckchen läutete, das Seil wurde eingeholt, der Dampfer drehte. Sein weißer glitzernder Bogen von Schaum grub sich in den Fluss ein. Mir fielen alle weißen Schaumritzen ein, die alle möglichen Schiffe unter allen möglichen Breitengraden in die Meere gefurcht hatten. Die Flüchtigkeit und die Unverrückbarkeit einer Fahrt, die Bodenlosigkeit und die Erreichbarkeit des Wassers hatten sich mir nie mehr so stark einprägen können. Da stellte sich plötzlich Fräulein Sichel vor mich. Sie sah in der Sonne sehr jung aus in ihrem getupften Kleid mit ihrer festen kleinen Brust. Sie sagte zu mir mit blanken grauen Augen, weil ich gern fahre und weil ich gern Aufsätze schreibe, sollte ich für die nächste Deutschstunde eine Beschreibung des Schulausfluges machen.

Alle Mädchen der Schulklasse, die das Verdeck der Kajüte vorzogen, kamen um mich herum herauf auf die Bänke gestürzt. Aus dem Garten winkten und pfiffen die Knaben. Lore pfiff schrill zurück, sie wurde dafür heftig von Fräulein Mees ausgescholten, derweil die drüben im selben Takt fortfuhren zu pfeifen, Marianne beugte sich weit über das Geländer und ließ den Otto nicht aus den Augen, als könne schon diese Trennung für immer sein wie später die im Krieg 1914. Als sie ihren Freund nicht mehr erkennen konnte, legte sie einen Arm um mich und einen um Leni. Ich spürte zugleich mit der Zärtlichkeit ihres mageren bloßen Armes den Aufglanz der Sonne auf meinem Nacken. Ich sah jetzt auch zu Otto Fresenius zurück, der immer noch seinem Mädchen nachstarrte, als könnte er sie im Auge behalten und, da sie jetzt ihren Kopf an Leni lehnte, für immer an unverbrüchliche Freundschaft erinnern.

Wir drei sahen eng umarmt stromaufwärts. Die schräge Nachmittagssonne auf den Hügeln und Weinbergen plusterte da und dort die weißen und rosa Obstblütenbäume. Im späten Sonnenschein glänzten ein paar Fenster wie in einer Feuersbrunst. Die Dörfer schienen zu wachsen, je näher man kam, und, wenn man sie kaum gestreift hatte, zusammenzuschrumpfen. Das war der angeborene Wunsch nach Fahrt, den man nie stillen kann, weil man alles nur im Vorbeifahren streift. Wir fuhren unter der Rheinbrücke durch, über die bald im Ersten Weltkrieg Militärzüge fahren sollten mit all den Knaben, die jetzt im Garten ihren Kaffee tranken, und mit den Schülern aller Schulen. Als dieser Krieg endete, rückten die Soldaten der Alliierten über die gleiche Brücke und später Hitler mit seiner blutjungen Armee, die das gesperrte Rheinland wieder besetzte, bis die neuen Militärzüge zum neuen Weltkrieg alle Knaben des Volkes zum Sterben rollten. Unser Dampfer fuhr an der Petersau vorbei, auf der einer der Brückenpfeiler ruhte. Wir winkten alle zu den drei weißen Häuschen, die uns von klein auf vertraut waren wie aus Bilderbüchern mit Hexenmärchen. Die Häuschen und ein Angler spiegelten sich im Wasser, dazu das Dorf auf der anderen Seite, das mit seinen Raps- und Kornfeldern über einen Saum rosa Apfelbäume in einem ineinandergeduckten Schwarm von Giebeldächern bis zu dem Kirchturmspitzlein auf dem Bergabfall in einem gotischen Dreieck anstieg.

Das späte Licht schien bald in eine Tallücke mit einer Eisenbahnspur, bald gegen eine entlegene Kapelle, und alles lugte rasch noch einmal aus dem Rhein, bevor es in der Dämmerung verschwand.

Wir waren alle im stillen Licht still geworden, so dass man das Krächzen von ein paar Vögeln hörte und das Fabrikgeheul aus Amöneburg. Sogar Lore war völlig verstummt. Marianne und Leni und ich, wir hatten alle drei unsere Arme ineinander verschränkt in einer Verbundenheit, die einfach zu der großen Verbundenheit alles Irdischen unter der Sonne gehörte. Marianne hatte noch immer den Kopf an Lenis Kopf gelehnt. Wie konnte dann später ein Betrug, ein Wahn in ihre Gedanken eindringen, dass sie und ihr Mann allein die Liebe zu diesem Land gepachtet hätten und deshalb mit gutem Recht das Mädchen, an das sie sich jetzt lehnte, verachteten und anzeigten. Nie hat uns jemand, als noch Zeit dazu war, an diese gemeinsame Fahrt erinnert. Wie viele Aufsätze auch noch geschrieben wurden über die Heimat und die Geschichte der Heimat und die Liebe zur Heimat, nie wurde erwähnt, dass vornehmlich unser Schwarm aneinandergelehnter Mädchen, stromaufwärts im schrägen Nachmittagslicht, zur Heimat gehörte.

Ein Flussarm zweigte schon ab zum Floßhafen, aus dem frisch gefälltes, geschnittenes und geflößtes Holz nach Holland gebracht wurde. Die Stadt schien mir noch entfernt genug zu liegen, als könnte sie mich nie zum Aussteigen und Bleiben zwingen, obwohl mir ihr Floßhafen, die Platanenreihen und Warenspeicher am Ufer viel vertrauter waren als jegliche Einfahrt in fremde Städte, die mich zum Bleiben gezwungen haben. Ich erkannte nach und nach schon vertraute Straßenzüge und Dachfirste und Kirchtürme unversehrt und vertraut, gleich längst untergegangenen Orten in Märchen und Liedern. Der eine Tag Schulausflug schien mir alles zugleich entfernt und zurückgeschenkt zu haben.

Als jetzt der Dampfer seinen Anlegebogen machte und Kinder und Strolche sich müßig zu unserer Ankunft drängten, schienen wir nicht nach dem Ausflug, sondern nach jahrelanger Reise heimzukehren. Kein Loch, kein Brandschaden hafteten dieser vertrauten winkligen, wimmligen Stadt an, so dass sich meine Beunruhigung legte und ich mich daheim fühlte.

Die Lotte verabschiedete sich zuerst, kaum waren die Seile ausgeworfen. Sie wollte zur Abendmesse in den Dom, der schon bis zur Schiffsbrücke läutete. Die Lotte endete später im Kloster auf der Rheininsel Nonnenwerth, von wo man sie mit einem Trupp Schwestern über die holländische Grenze schaffte, aber das Schicksal kam ihnen nach. – Die Klasse verabschiedete sich von den Lehrerinnen. Fräulein Sichel erinnerte mich noch einmal an den Schulaufsatz, ihre grauen Augen blinkten wie feingescheuerte Kieselsteine. Dann teilte sich unsere Klasse nach den verschiedenen Wohnrichtungen in einzelne Schwärme auf.

Leni und Marianne gingen eingehängt auf die Rheinstraße. Marianne hatte noch immer eine rote Nelke zwischen den Zähnen. Sie hatte die gleiche Nelke in das Band von Lenis Mozartzopf gesteckt. Ich sehe Marianne immer weiter mit ihrer roten Nelke zwischen den Zähnen, auch wie sie den Nachbarinnen der Leni bösartige Antworten gibt, auch wie sie mit halbverkohltem Körper, in rauchenden Kleiderfetzen in der Asche ihres Elternhauses liegt. Denn die Feuerwehr kam zu spät, um Marianne zu retten, als das Feuer des Bombardements von den unmittelbar getroffenen Häusern auf die Rheinstraße übergriff, wo sie gerade bei ihren Eltern zu Gast war. Sie hatte keinen leichteren Tod als die von ihr verleugnete Leni, die von Hunger und Krankheiten im Konzentrationslager abstarb. Doch durch die Verleugnung überlebte das Kind Lenis das Bombardement. Denn es wurde von der Gestapo in ein abgelegenes Nazierziehungsheim gebracht.

Ich trottete mit ein paar Schülerinnen Richtung Christhofstraße. Zuerst war mir bang. Wie wir vom Rhein her in die Innenstadt einbogen, da legte sich's hart auf mein Herz, als ob mir etwas Unsinniges, etwas Böses bevorstünde, vielleicht eine heillose Nachricht oder ein Unheil, das ich über dem sonnigen Ausflug leichtfertig vergessen hatte. Dann verstand ich klar, die Christhofskirche konnte unmöglich bei einem nächtlichen Fliegerangriff zerstört worden sein, denn wir hörten ihr Abendläuten. Ich hatte mich überhaupt umsonst gegraut, auf diesem Weg heimzugehen, weil sich mir im Gedächtnis festgehakt hatte, dieser mittlere Stadtstreifen sei völlig von Bomben zerstört. Es ging mir auch durch den Kopf, dass jene Zeitungsphotographie sich geirrt haben möchte, auf der alle Gassen und Plätze abrasiert oder zerstört waren. Ich dachte zuerst, man hätte vielleicht auf Goebbels' Befehl, um über das Ausmaß des Angriffs zu täuschen, eine Scheinstadt mit äußerster Geschwindigkeit aufgebaut, in der kein Stein mehr wie früher auf dem anderen stand, die aber immerhin ganz kompakt und ansehnlich anmutete. Wir waren ja alle längst gewöhnt an solche Art Vorspiegelung und Betrug, nicht nur bei Bombenangriffen, sondern auch bei anderen Vorkommnissen, die schwer zu durchschauen waren.

Doch die Häuser, die Treppen, der Brunnen standen wie immer. Auch Brauns Tapetengeschäft, das mit der Familie in diesem Krieg verbrannt sein sollte, nachdem ihm im ersten Krieg durch ein Fliegerabwehrgeschoss nur die Schaufenster zertrümmert worden waren, zeigte die geblümten und gestreiften Tapetenauslagen, so dass die Marie Braun, die zuletzt neben mir gegangen war, rasch in das Geschäft ihres Vaters ging. Die nächste unter uns Heimkehrerinnen, Katharina, lief zu ihrer winzig kleinen Schwester Toni, die unter den Platanen auf einer steinernen Stufe vor dem Brunnen spielte. Der Brunnen und alle Platanen waren ja wohl längst zerschmettert, doch die Kinder vermissten gar nichts zum Spielen, denn auch ihre letzte Stunde hatte geschlagen in den Kellern der umstehenden Häuser. Dabei kam auch die kleine Toni in dem Haus um, das sie von ihrem Vater geerbt hatte, mit einem Töchterlein, winzig wie sie heute, die das Wasser aus dicken Backen blies. Auch Katharina, die große Schwester, die sie jetzt am Schopf packte, und die Mutter und die Tante in der offenen Haustür, die beide mit Küssen begrüßten, sie sollten alle noch miteinander im Keller des väterlichen Hauses umkommen. Katharinas Mann, Tapezierer,

Nachfolger des Vaters, half währenddessen Frankreich besetzen. Er hielt sich mit seinem kurzen Schnurrbart, seinem Tapeziererdaumen für den Angehörigen eines Volkes, das stärker ist als die anderen Völker – bis ihn die Nachricht ereilte, dass sein Haus und seine Familie zermalmt worden waren. Die kleine Schwester drehte sich noch einmal um und spritzte auch mich mit dem letzten Wasser, das sie noch in der Backe aufgespeichert hatte. Ich lief den Rest des Weges allein. In der Flachsmarktstraße traf ich die bleiche Liese Möbius, auch ein Mädchen aus meiner Klasse, die wegen einer Lungenentzündung seit zwei Monaten keine Ausflüge mitmachen konnte. Jetzt hatte das Abendläuten der Christhofskirche sie von daheim weggelockt. Sie rannte an mir vorbei mit ihren zwei baumelnden, langen braunen Zöpfen, einen Zwicker in ihrem kleinen Gesicht, behend, als renne sie auf einen Spielplatz statt zur Abendmesse. Sie bettelte später bei ihren Eltern, mit Lotte auf Nonnenwerth ins Kloster eintreten zu dürfen. Als Lotte allein die Erlaubnis bekam, wurde Liese Lehrerin in einer Volksschule unserer Stadt. Ich sah sie noch manchmal zur Messe laufen mit ihrem bleichen, spitzen Gesichtlein, wie heute den Zwicker vorgeklemmt. Sie wurde von der Nazibehörde geringschätzig behandelt wegen ihrer Glaubenstreue, doch auch die Versetzung in eine geringe Schule für Schwachbegabte störte sie gar nicht, weil sie durch ihren Glauben an Verfolgungen aller Art gewöhnt war. Auch wurden die rabiatesten Naziweiber, die tückischsten, spöttischsten Nachbarn überaus sanft und mild, als sie beim Fliegerangriff um Liese herum im Keller saßen. Den Älteren kam dabei in den Kopf, dass sie schon einmal mit derselben Nachbarin Liese im selben Kellerloch gehockt hatten, als im ersten Krieg die ersten Geschosse krachten. Sie rückten jetzt dicht an die verachtete kleine Lehrerin, als ob die durch ihren Glauben und ihre Ruhe schon einmal den Tod beschwichtigt hätte. Die Frechsten und Spottlustigsten waren sogar geneigt, etwas von dem Glauben der kleinen Lehrerin Liese abzubekommen, die immer in ihren Augen verschüchtert und ängstlich gewesen war, doch jetzt wieder getröstet und zuversichtlich unter all den grauweißen Fratzen im künstlichen Kellerlicht hockte bei dem Bombenabwurf, der diesmal die Stadt fast gänzlich zerstörte, auch sie selbst und ihre gläubig-ungläubigen Nachbarinnen.

Die Läden waren gerade geschlossen worden. Ich lief durch die Flachsmarktstraße durch ein Gewimmel heimkehrender Menschen. Sie freuten sich, dass der Tag zu Ende war und eine geruhsame Nacht bevorstand. Wie ihre Häuser noch unversehrt waren von Geschossen, von der ersten großen Probe 1914 bis 1918 sowie von den jüngsten Haupttreffern, so waren auch ihre behaglichen, durch und durch vertrauten, mageren und dicklichen, schnurr- und vollbärtigen, warzigen und glatten Gesichter unversehrt von der Schuld ihrer Kinder und von dem Wissen dieser Schuld und Zusehen und Dulden dieser Schuld aus Feigheit vor der Macht des Staates. Dabei sollten sie doch bald genug bekommen an aufgeblähter Staatsmacht, an großspurigen Befehlen. Oder hatten sie gar Geschmack daran gefunden, dieser Bäcker mit dem gezwirbelten Schnurrbart und dem runden Bäuchlein, Ecke Flachsmarkt, wo wir immer den Streuselkuchen kauften, oder der Trambahnschaffner, der eben an uns vorbeibimmelte? Oder hatte der Friede dieses Abends mit den hastigen Schritten der Heimkehrenden, mit Glockengeläut, mit Feierabendtuten entlegener Fabriken die bescheidene Behaglichkeit des alltäglichen Werktags, die ich jetzt wie ein Labsal genoss, für alle die Kinder etwas Widriges an sich, so dass sie bald die Kriegsberichte ihrer Väter begierig einsogen, sich aus dem bemehlten oder bestaubten Arbeitskittel in Uniformen hineinsehnten?

Ich hatte wieder einen Anflug vor Angst, in meine eigene Straße zu biegen, als ob ich ahnen würde, dass sie zerstört war. Die Ahnung verflog bald. Denn schon in der letzten Strecke der Bauhofstraße konnte ich wie immer meinen Lieblingsweg heimgehen, unter den beiden großen Eschen, die sich von der rechten und linken Seite der Straße wie ein Triumphbogen spannten, sich gegenseitig berührend, unzerstört, unzerstörbar. Ich sah auch schon die weißen, roten und blauen Kreisrunde von Blumenbeeten aus Geranien und Begonien in dem Rasen, die meine Straße durchkreuzten. Wie ich hinzutrat, wehte ein Abendwind, wie ich so stark noch keinen auf meinen Schläfen gespürt hatte, aus den Rotdornbäumen eine Wolke von Blättern, die mir zuerst von der Sonne beglänzt schienen, in Wirklichkeit aber sonnenrot gefärbt waren. Es war mir wie immer nach Tagesausflügen zumute, als hätte ich schon geraume Zeit nicht mehr das Sausen des Windes vom Rhein her, in meiner eigenen Straße eingefangen, angehört. Ich war durch und durch müde, so dass ich froh war, endlich vor dem Hause zu stehen. Nur kam es mir unerträglich schwer vor, die Treppe hinaufzusteigen. Ich sah bis zum zweiten Stock hinauf, in dem unsere Wohnung lag. Meine Mutter stand schon auf der kleinen, mit Geranienkästen verzierten Veranda über der Straße. Sie wartete schon auf mich. Wie jung sie doch aussah, die Mutter, viel jünger als ich. Wie dunkel ihr glattes Haar war, mit meinem verglichen. Meins wurde ja schon bald grau, während durch ihres noch keine sichtbaren grauen Strähnen liefen. Sie stand vergnügt und aufrecht da, bestimmt zu arbeitsreichem Familienleben, mit den gewöhnlichen Freuden und Lasten des Alltags, nicht zu einem qualvollen, grausamen Ende in einem abgelegenen Dorf, wohin sie von Hitler verbannt worden war. Jetzt erkannte sie mich und winkte, als sei ich verreist gewesen. So lachte und winkte sie immer nach Ausflügen. Ich lief, so schnell ich nur konnte, ins Treppenhaus.

Ich stutzte vor dem ersten Treppenabsatz. Ich war plötzlich viel zu müde, rasch hochzusteigen, wie ich noch eben gewollt hatte. Der graublaue Nebel von Müdigkeit hüllte alles ein. Dabei war es um mich herum hell und heiß, nicht dämmerig wie sonst in Treppenhäusern. Ich zwang mich zu meiner Mutter hinauf, die Treppe, vor Dunst unübersehbar, erschien mir unerreichbar hoch, unbezwingbar steil, als steige sie eine Bergwand hinauf. Vielleicht war meine Mutter schon in den Flur gegangen und wartete an der Treppentür. Doch mir versagten die Beine. Ich hatte nur als ganz kleines Kind eine ähnliche Bangnis gespürt, ein Verhängnis könnte mich am Wiedersehen hindern. Ich stellte mir vor, wie sie umsonst auf mich wartete, nur ein paar Stufen getrennt. Dann fiel mir zum Trost ein, falls ich hier aus Erschöpfung zusammenbreche, mein Vater könnte mich doch sofort finden. Er war gar nicht tot, denn er kam gleich heim, es war ja Feierabend. Er liebte nur, länger als meiner Mutter lieb war, an den Straßenecken mit seinen Nachbarn herumzuschwatzen.

Man klapperte schon mit den Tellern zum Abendessen. Ich hörte hinter sämtlichen Türen das Klatschen von Händen auf Teig in vertrautem Rhythmus, dass man auf diese Art Pfannkuchen buk, befremdete mich: die zähe Masse, statt sie auszurollen, zwischen zwei Händen plattzuschlagen. Ich hörte zugleich vom Hof her das zügellose Schreien von Truthähnen und wunderte mich, wieso man plötzlich im Hof Truthähne züchtete. Ich wollte mich umsehen, doch blendete mich zuerst das überaus starke Licht aus den Hoffenstern. Die Stufen waren verschwommen von Dunst, das Treppenhaus weitete sich überall in einer unbezwingbaren Tiefe wie ein Abgrund. Dann ballten sich in Fensternischen Wolken zusammen, die ziemlich schnell den Abgrund ausfüllten. Ich dachte noch schwach: Wie schade, ich hätte mich gar zu gern von der Mutter umarmen lassen. Wenn ich zu müd bin, hinaufzusteigen, wo nehme ich da die Kräfte her, um mein höher gelegenes Ursprungsdorf zu erreichen, in dem man mich zur Nacht erwartet? Die Sonne brannte noch immer stark, ihr Licht brannte nie schneidender, als wenn es schräg gerichtet war. Mir war es wie immer fremd, dass es hier keine Dämmerung gibt, sondern immer nur jähen Übergang von Tag zu Nacht. Ich nahm mich zusammen und schritt jetzt kräftiger aus, obwohl der Anstieg in einem unbezwinglichen Abgrund verloren war. Das Treppengeländer drehte und wölbte sich zu einem mächtigen, pfähleartigen Zaun aus Orgelkakteen. Ich konnte nicht mehr unterscheiden, was Bergkämme und was Wolkenzüge waren. Ich fand den Weg zu der Kneipe, wo ich nach dem Abstieg aus dem höher gelegenen Dorf gegessen hatte. Der Hund war weggelaufen. Zwei Truthähne, die vorhin noch nicht dagewesen waren, weideten jetzt auf dem Weg. Mein Wirt hockte noch immer vor dem Haus, und neben ihm hockte ein Freund oder ein Verwandter, genau wie er, erstarrt von Nachdenken oder von gar nichts. Zu ihren Füßen hockten einträchtig die Schatten ihrer Hüte. Mein Wirt machte keine Bewegung, als ich zurückkam, ich war es nicht wert, ich war schon in die gewöhnlichen Sinneseindrücke eingereiht. Ich war jetzt zu müde, nur noch einen Schritt zu machen, ich setzte mich vor meinen alten Tisch. Ich wollte in die Berge zurück, sobald ich ein wenig ausgeschnauft hatte. Ich fragte mich, wie ich die Zeit verbringen sollte, heute und morgen, hier und dort, denn ich spürte jetzt einen unermesslichen Strom von Zeit, unbezwingbar wie die Luft. Man hat uns nun einmal von klein auf angewöhnt, statt uns der Zeit demütig zu ergeben, sie auf irgendeine Weise zu bewältigen. Plötzlich fiel mir der Auftrag meiner Lehrerin wieder ein, den Schulausflug sorgfältig zu beschreiben. Ich wollte gleich morgen oder noch heute Abend, wenn meine Müdigkeit vergangen war, die befohlene Aufgabe machen.

Annette

Pehnt

Am Ende

Essay

Bevor dieser Essay endet, muss er erst einmal beginnen. Die Mühen und Ängste des Anfangs sind oft schon beschrieben worden, viel öfter als die Nöte des Endens. Beim Schreiben gilt der Anfang als die eigentlich heroische Tat: vom weißen Blatt zur ersten Silbe, vom Nichts zum Wort. Am Ende steht der letzte Satz, der einer von vielen ist. Natürlich fällt ihm Gewicht zu, er rundet den Text ab, schließt den Bogen, es ist der letzte Ton, der nachklingt und im Gedächtnis haften bleibt. Aber gegen den Anfang ist er nur der folgerichtige Ausklang einer großen Anstrengung. Ende und Anfang: das ist eine Denkfigur, die wir eingeübt haben. Wir können das Ende nicht ohne Anfang denken, wir schaffen es nicht, es ist ja auch eine kaum durchführbare gedankliche Übung: was geht denn zu Ende, was ist vorher passiert, welche Geschichte kommt zum Abschluss. Jedem Ende wohnt ein Zauber nur deswegen inne, weil in ihm ein neuer Anfang mitschwingt. Geschichten, die wir nur vom Ende her kennen, lassen uns kalt oder gehen uns nicht an. Wir wollen Zeugen einer Entwicklung sein, daran glauben wir, daran haben wir uns gewöhnt. Es gibt, auch eines unserer Glaubensbekenntnisse, weil alles andere unerträglich wäre, ein passendes Ende. Sogar an einen unserem Leben angemessenen Tod würden wir am liebsten glauben, an ein uns gemäßes Ende, das den Lebensbogen abrundet. Enden ohne Folgerichtigkeit, zufällige Enden, beiläufige Enden halten wir schwer aus. »So lebte er hin« endet Büchners »Lenz«, ein Ende, das die Figur für immer in die Zwangsjacke der Gleichgültigkeit sperrt und in seiner gewollten Beiläufigkeit vernichtender ist als jeder Paukenschlag; aber dieses Ende ist eben absolut folgerichtig, weil für Lenz, diesen vibrierenden Klangkörper einer bis aufs Äußerste gespannten Überaufmerksamkeit, Abstumpfung die größtmögliche Katastrophe darstellt. Folgt man den Philologen, ist der Text Fragment und das Ende in der Tat ein vorläufiges; Büchner hat also vermutlich die Nöte des Endes mit dieser Novelle nicht austragen müssen. Aber die Leseerfahrung schert sich nicht um Philologie und genügt sich in der plausiblen, weil gnadenlosen Vollendung eines Zähmungsaktes. Wie der Anfang, so das Ende: Unser Sinnbedürfnis zeugt, auch in Zeiten der Diffusion und der spielerischen Unabgeschlossenheiten, von einem erstaunlich hartnäckigen Abrundungswillen. Wie heroisch es doch eigentlich ist, der Gegenwart noch eine formale Geschlossenheit abzuringen. Dass wir unsere Geschichten überhaupt zu Ende erzählen, ist vielleicht unumgänglich, vielleicht blindwütig, auf jeden Fall regressiv – wehe, die Gutenachtgeschichte am Bettrand liefe ins Leere. Wenn die Erzählstimme sich ausblendet, bleiben wir allein im Dunkeln. Nichts ist schwerer, als zu verstummen. Damit wir überhaupt einschlafen können, müssen wir daran glauben, dass die Geschichte uns nicht ins Leere schleudert, uns keine Zerfaserung zumutet, sondern in der Stille nachklingen kann. Und darin kündet sich dann, so wollen wir es, gleich die Geschichte des nächsten Tages an, weil es weitergeht. So ist die Zumutung der Endlichkeit gut zu ertragen. Das alles muss das Ende uns versichern. Kein Wunder, dass es so schwer ist, ein Ende zu

Die Autorinnen und ihre Übersetzerinnen

Margaret Atwood, geboren 1939 in Ottawa, aufgewachsen in Nordontario, Quebec und Toronto, lebt heute in Toronto. Sie hat mehr als 40 Bücher geschrieben, unter anderem Erzählungen, Gedichte und Essays, und ist am bekanntesten für ihre Romane. *Die essbare Frau* von 1969 machte sie in Kanada berühmt, wurde aber erst 1985 ins Deutsche übersetzt, mehrere Jahre nach *Der lange Traum* (*Surfacing*, 1972). Für *Der blinde Mörder* erhielt sie 2000 den renommierten Booker Prize – und die Stadt Dortmund ehrte sie 2009 für ihr Gesamtwerk mit dem Nelly-Sachs-Preis. — **Charlotte Franke** übersetzte eine ganze Reihe der Werke von Margaret Atwood, unter anderem *Katzenauge*, *Tipps für die Wildnis* und *Der Salzgarten*.

Tania Blixen, auch bekannt unter Karen Blixen und weiteren Pseudonymen, wurde 1885 in Rungstedlund bei Kopenhagen geboren und starb dort auch 1962. Sprachlich wie bildnerisch begabt, begann sie während ihres Kunststudiums in Kopenhagen zu schreiben. 1913 wanderte sie nach Kenia aus und betrieb dort viele Jahre zusammen mit ihrem Mann eine Kaffeefarm. Nach ihrer Rückkehr 1931 konzentrierte sie sich ganz auf das Schreiben. Sie gilt als eine der größten Schriftstellerinnen ihres Landes, wurde mit Werken wie *Jenseits von Afrika* und *Babettes Fest* – allerdings erst posthum – weltbekannt und war mehrfach für den Literaturnobelpreis im Gespräch. — **Barbara Henninges,** die Übersetzerin von *Die leere Seite*, hat unter anderem auch John Updike und Joyce Carol Oates ins Deutsche übertragen.

Janet Frame wurde 1924 in Dunedin, Neuseeland, geboren; ihre Kindheit und Jugend waren durch Armut, Krankheit und Tod geprägt. Nach dem Tod ihrer zweiten Schwester ließ sie sich freiwillig in eine psychiatrische Klinik einweisen und galt lange als schizophren, bis ihre jüngste Schwester sie aus der Klinik holte – nachdem sie für ihren ersten Erzählband einen Literaturpreis erhalten hatte. Fortan lebte sie als freie Schriftstellerin, weltberühmt für ihre präzise Prosa und die Eigenwilligkeit ihrer Sicht auf das Leben. Am besten bekannt ist sie hierzulande für ihre Autobiografie *Ein Engel an meiner Tafel*, 1990 verfilmt von Jane Campion. Als sie 2004 starb, hatte sie zahlreiche Literaturpreise erhalten und war Ehrenmitglied der American Academy of Arts und Letters. — **Karen Nölle** übersetzte auch Janet Frames Roman *Dem neuen Sommer entgegen* (2010) und überarbeitete die Übersetzung des 1962 erstmals erschienenen *Wenn Eulen schrein* (2012). Ihr Lieblingsbuch der Autorin ist *Auf dem Maniototo* (2013).

Nora Gomringer wurde 1980 geboren; sie ist Schweizerin und Deutsche und hat bislang fünf Lyrikbände und eine Essaysammlung veröffentlicht. Auch als Vortragende und Rezitatorin ist sie bekannt und gefeiert. Zuletzt wurden ihr der Jacob-Grimm-Preis Deutsche Sprache (2011) und der Ingeborg-Bachmann-Preis (2015) zugesprochen. Sie ist Mitglied im PEN und hatte die Poetikdozenturen in Landau, Sheffield und Kiel inne. Seit 2010 lebt sie in Bamberg, wo sie das Internationale Künstlerhaus Villa Concordia leitet.

Siri Hustvedt wurde 1955 als Tochter eines US-Amerikaners und einer Norwegerin in Minnesota geboren. Bereits während der Schulzeit schrieb sie Gedichte und wollte Schriftstellerin werden. Ihr Studium der Englischen Literatur schloss sie an der Columbia University mit dem Doktortitel ab. Mit Romanen wie *Die unsichtbare Frau* (1993), *Was ich liebte* (2003) und *Der Sommer ohne Männer* (2011) erlangte sie Weltruhm, zuletzt erschien *Die gleißende Welt* (2015). Auch für ihre Essays ist Siri Hustvedt berühmt. Zusammen mit ihrem Mann, dem Schriftsteller Paul Auster, lebt sie in

New York. — **Uli Aumüller** übersetzte neben *Being a Man* (2006) seit 1993 auch alle weiteren Werke von Siri Hustvedt, außerdem Werke von Autoren wie Albert Camus, Jean-Paul Sartre und Milan Kundera. Unter anderem erhielt sie 1989 den Paul-Celan-Preis.

Tove Jansson, geboren 1914, gehörte der schwedischen Minderheit in Finnland an. Am berühmtesten wurde die Malerin, Zeichnerin und Autorin als Schöpferin der Mumins, einer Trollfamilie, die seit den fünfziger Jahren durch die Zeitungen der westlichen Welt geisterte und die Leser begeisterte und deren Erlebnisse die Autorin auch zu zauberhaften Kinderbüchern verarbeitete, echten Longsellern, bis heute in vielen Kinderzimmern vorgelesen. Ihre Sommer verbrachte Tove Jansson stets auf einer kleinen Schäreninsel. Dem Schreiben für Erwachsene wandte sie sich mit über fünfzig zu. Bis zu ihrem Tod 2001 veröffentlichte sie mehr als ein Dutzend Romane und Erzählsammlungen, darunter *Das Sommerbuch*, das zu einem internationalen Klassiker wurde. — **Regine Elsässer** übersetzt aus dem Schwedischen, Dänischen und Norwegischen, unter anderem Autorinnen und Autoren wie Marie Hermanson, Lars Klinting und Klas Östergren.

Clarice Lispector wurde 1920 als Tochter russisch-jüdischer Eltern in der USSR geboren, die Familie emigrierte allerdings kurz nach ihrer Geburt nach Brasilien. In Rio de Janeiro absolvierte Lispector ein Jurastudium und begann eine Karriere als Journalistin und Übersetzerin. Ihr erster Roman *Nahe dem wilden Herzen* wurde 1944 zur literarischen Sensation. Es folgten weitere Romane, außerdem Kurzgeschichten und mehrere Drehbücher. Die brasilianische Autorin machte sich gegen die Militärdiktatur stark, ihre Werke griffen vielfach die harte soziale Realität des Landes auf. Bei einem Brand in ihrer Wohnung 1967 zog sie sich eine Verletzung der Hand zu, der Schmerz begleitete sie ihr Leben lang. 1977 starb Lispector in Rio de Janeiro. — **Luis Ruby** übersetzt aus dem Portugiesischen, Italienischen, Spanischen und Englischen und hat neben Werken von Clarice Lispector auch Autoren wie Jorge Amado, Marco Malvaldi, Javier Marías und Carlos Fuentes ins Deutsche übertragen.

Annette Pehnt, geboren 1967 in Köln, lebt heute in Freiburg. Sie studierte Anglistik, Keltologie und Germanistik in Köln, Galway, Berkeley und Freiburg und promovierte über irische Literatur. Auf ihr literarisches Debüt *Ich muß los* (2001) folgten viele weitere Romane, darunter *Mobbing* (2007) und *Chronik der Nähe* (2012), außerdem Kinderbücher und Erzählungen. Die Autorin erhielt zahlreiche Auszeichnungen, darunter 2001 den Mara-Cassens-Preis, den Preis der Jury des Ingeborg-Bachmann-Wettbewerbs (2002) und 2012 sowohl den Solothurner Literaturpreis als auch den Hermann-Hesse-Preis. Seit 2007 ist Pehnt wissenschaftliche Mitarbeiterin an der PH Freiburg.

Sylvia Plath gilt als eine der bekanntesten amerikanischen Schriftstellerinnen; vor allem durch ihre Lyrik, aber auch dank ihres bahnbrechenden Romans *Die Glasglocke* (1963) wurde sie weltberühmt. 1932 in Massachusetts geboren, veröffentlichte sie bereits während ihres Studiums am Smith College Gedichte und Essays, litt jedoch immer wieder unter Depressionen und beging mehrere Selbstmordversuche. Ein Stipendium führte Plath 1955 nach Cambridge (England), wo sie ihren späteren Ehemann, den Dichter Ted Hughes, kennenlernte. Ihre heftige Liebe war so inspirierend wie zerstörerisch; 1963 trennte sich das Paar. Nur wenige Wochen später nahm sich Plath, gerade dreißig Jahre alt und Mutter zweier kleiner Kinder, das Leben. — **Julia Bachstein** und **Sabine Techel** sind beide selbst als Autorinnen tätig. Sylvia Plaths *Die Bibel der Träume*, aus dem der Text *Ein Vergleich* stammt, war 1989 ihre erste gemeinsame Übersetzungsarbeit.

Judith Schalansky wurde 1980 in Greifswald geboren. Sie studierte Kunstgeschichte in Berlin und Kommunikationsdesign in Potsdam. Ihr literarisches Debüt *Blau steht dir nicht* erschien 2008. Für den Roman *Der Hals der Giraffe*, 2011 nominiert für den Deutschen Buchpreis, erhielt sie ebenso wie 2009 für den *Atlas der abgelegenen Inseln* den 1. Preis der Stiftung Buchkunst; beide Bücher gestaltete sie selbst. Seit 2013 ist sie Herausgeberin und Gestalterin der Reihe »Naturkunden«. Judith Schalansky lebt in Berlin.

Anna Seghers wurde 1900 als Netty Reiling in Mainz geboren. 1924 schloss sie ihr Studium der Kunstgeschichte und Sinologie mit der Promotion ab. Für ihr Debüt *Aufstand der Fischer von St. Barbara* erhielt sie 1928 den Kleist-Preis. Nach der Machtübernahme der Nazis floh sie nach Paris und 1941 ins mexikanische Exil, wo unter anderem *Der Ausflug der toten Mädchen* und ihr berühmtester Roman *Das siebte Kreuz* (1942) entstanden. Nach ihrer Rückkehr nach Berlin wurde ihr 1947 der Georg-Büchner-Preis verliehen. Über 25 Jahre war sie Präsidentin des Schriftstellerverbandes der DDR. Anna Seghers starb 1983 in Berlin.

Ali Smith wurde 1962 in Inverness, Schottland geboren. Sie lebt als freie, vielfach ausgezeichnete Schriftstellerin in Cambridge und ist bekannt auch als Vortragende (etwa über Virginia Woolf) und Herausgeberin (zum Beispiel der Werke Tove Janssons in Großbritannien). 2015 gewann sie den Bailey's Women's Prize for Fiction für ihren Roman *How to Be Both* und wurde im gleichen Jahr für ihre Dienste an der Literatur zum Commander of the Order of the British Empire ernannt. — **Silvia Morawetz** übersetzt seit vielen Jahren aus dem Englischen, neben Ali Smith unter anderem die Autorinnen Janice Galloway, Hilary Mantel, Joyce Carol Oates und Anne Sexton.

Antje Rávic Strubel wurde 1974 in Potsdam geboren. Dort und in New York studierte sie Literaturwissenschaften, Psychologie und Amerikanistik. 2001 wurde sie bei den Tagen der deutschsprachigen Literatur in Klagenfurt mit dem Ernst-Willner-Preis ausgezeichnet und veröffentlichte seither mehrere Romane, darunter *Tupolew 134* (2004) und zuletzt *Sturz der Tage in die Nacht* (2011). Zudem ist sie Verfasserin mehrerer Hörspiele. Für ihre Werke erhielt die Autorin zahlreiche Literaturpreise und Stipendien. Heute lebt sie in Berlin.

Virginia Woolf (1882–1941) tat sich bereits als Kind schriftstellerisch hervor, als Herausgeberin der Hauspostille ihrer Familie. Schon mit 22 Jahren bildete sie zusammen mit ihrem Bruder Toby Stephens den Mittelpunkt der »Bloomsbury Group«, 1917 gründete sie mit Leonard Woolf die Hogarth Press, wo nach und nach die Avantgarde der Moderne erschien. Ihre Romane haben Weltrang. Der Essay in diesem Band basiert auf einer Rede, die Virginia Woolf am 21. Januar 1931 vor der National Society for Women's Service in London hielt. Das Typoskript dieser Rede, etwa dreimal so lang wie der hier gedruckte Text, ist mitsamt Streichungen und Ergänzungen in der 1978 von Mitchell A. Leaska herausgegebenen Ausgabe von *The Pargiters* zu lesen, einem Buch, zu dem die Rede den Anstoß gab und das in Teilen in ihren letzten Roman *Die Jahre* mündete. — **Karen Nölle** übersetzte den Essay »Berufe für Frauen« für den vorliegenden Band neu.

Quellen

Margaret Atwood, **Blaubarts Ei (Bluebeard's Egg)**
Aus: Margaret Atwood, *Der Salzgarten*
Aus dem Amerikanischen von Charlotte Franke

Tania Blixen, **Die leere Seite (The Blank Page)**
Aus: Tania Blixen, *Letzte Erzählungen*
Aus dem Englischen von Barbara Henninges

Janet Frame, **Ich liebe die Grillen nicht (I Do Not Love the Crickets)**
Aus: Janet Frame, *Between My Father and the King*,
Aus dem Englischen von Karen Nölle

Nora Gomringer, **Farbverbrechen, Reisen und Schreiben, Gedichte, Ich werde etwas mit der Sprache machen**
Aus: Nora Gomringer, *Mein Gedicht fragt nicht lange*

Nora Gomringer, **Flüstern, Erzähl**
Aus: Nora Gomringer, *Mein Gedicht fragt nicht lange reloaded*

Siri Hustvedt, **Being a Man**
Aus: Siri Hustvedt, *Being a Man*
Aus dem Amerikanischen von Uli Aumüller

Tove Jansson, **Die Hauptrolle (Huvudrollen)**
Aus: Tove Jansson, *Dockskåpet*, Schildts & Söderströms 1978
Aus dem Finnlandschwedischen von Regine Elsässer

Clarice Lispector, **Fünf Erzählungen und ein Thema (Cinco relatos e um tema)**
Aus: Clarice Lispector, *A Descoberta do Mundo*
Aus dem brasilianischen Portugiesisch von Luis Ruby.

Deutsche Erstveröffentlichung in: Schreibheft Nr. 81, August 2013

Annette Pehnt, **Am Ende**

Sylvia Plath, **Ein Vergleich (A Comparison)**
Aus: Sylvia Plath, *Die Bibel der Träume. Erzählungen, Prosa aus Tagebüchern*
Aus dem Amerikanischen von Julia Bachstein und Sabine Techel
Neuauflage Frankfurter Verlagsanstalt, Frankfurt am Main 2012

Judith Schalansky, **Wie ich Bücher mache**

Anna Seghers, **Der Ausflug der toten Mädchen**
Aus: Anna Seghers, *Die schönsten Erzählungen*

Ali Smith, **Wahre Kurzgeschichte**
Aus: Ali Smith, *Die erste Person*
Aus dem Englischen von Silvia Morawetz

Antje Rávic Strubel, **Mädchen in Betriebnahme. Ein Abgesang in drei Aufzügen**

Virginia Woolf, **Berufe für Frauen (Professions for Women)**
Aus: Virginia Woolf, *The Death of the Moth and Other Essays*
Aus dem Englischen von Karen Nölle